METRO
POLITAN

Dr. Rolf Dahlems
Dr. Klaus Leciejewski

Mit Headhuntern Karriere machen

Metropolitan Verlag
Düsseldorf · München

Die Deutsche Bibliothek – CIP-Einheitsaufnahme
Dahlems, Rolf:
Mit Headhuntern Karriere machen / Rolf Dahlems/
Klaus Leciejewski. – Düsseldorf ; München :
Metropolitan-Verl., 1996
ISBN 3-89623-061-1
NE: Leciejewski, Klaus:

Umschlaggestaltung: Init GmbH,
Büro für Gestaltung, Bielefeld
Satz: Heinrich Fanslau GmbH, Düsseldorf
Druck und Bindearbeiten:
Bercker, Graphischer Betrieb, Kevelaer
Printed in Germany
ISBN 3-89623-061-1

Verlagsverzeichnis schickt gern:
Metropolitan Verlag
Uhlandstraße 50, 40237 Düsseldorf
Compuserve 100761.222
http.//www.metropolitan.de/metropolitan/

Inhalt

Keine Karriere ohne Headhunter

1

Wer möchte nicht eine interessante Karriere machen?
Am Beginn der beruflichen Entwicklung wird über eine sinnvolle Tätigkeit und das rasche Überspringen wenig aufregender Stationen nachgedacht. In der Mitte des Berufswegs wird der Ausbau der eigenen Position betrieben, indem nach attraktiven Angeboten anderer Unternehmen Ausschau gehalten wird. Zeichnet sich am fernen Horizont dann ein Ende ab, stellt sich die Frage, ob es das denn schon alles gewesen sein soll.
Sind diese drei Phasen des Berufslebens unabänderlich für alle Manager vorgegeben? Wie kann der eigene Weg gefunden werden? Welche Wegweiser und Hilfestellungen für die einzelnen Karriereentscheidungen gibt es?
Manchmal ist es hilfreich, sich des Ursprungs abstrakter Begriffe zu erinnern, um sich ihrem aktuellen Sinn zu nähern. Der Begriff »Karriere« kommt ursprünglich aus dem Lateinischen »carrus« und bedeutete Wagen. Danach gelangte er in das Französische, und mit seiner dortigen Bedeutung, Rennbahn sowie später Laufbahn, wird die heutige schon deutlich. Ob in einem Wettrennen mit Pferd und Wagen oder in einem beruflichen Rennen allein gegen alle, immer spielen kurzfristige taktische und langfristige strategische Überlegungen eine wesentliche Rolle. Jeder Teilnehmer am Karrierelauf muß sich darauf vorbereiten: Besser zu sein als andere, aber dies auf faire Weise, damit jeder eine objektive Chance hat und letztlich alle daraus einen Nutzen ziehen können. All das verbindet sich mit Karriere.

Die Wettbewerbsbedingungen bleiben nicht starr. Weder im Sport noch im Management sind sie ein für allemal unveränderlich. Wir leben in einer Zeit, in der sich gegenüber den letzten 60 Jahren rasante Veränderungen vollziehen. Wenn es nicht eine plakative Verabsolutierung wäre, könnte man fast sagen: »Die einzige Konstante der Gegenwart ist der permanente Wandel.«
Viele Jahrzehnte konnten die Unternehmen – und nicht nur die großen – von weitgehend stabilen Wettbewerbsbedingungen ausgehen. Jetzt sind diese instabil geworden. In den 60er Jahren fürchteten sich die Europäer noch vor einem Ausverkauf ihrer Industrie durch amerikanische Unternehmen, der aber niemals eintraf. In den 70er Jahren begann sich die japanische Exportoffensive auch in Europa massiv auszuwirken. Trotzdem expandierte die deutsche Wirtschaft fast ungehemmt weiter. Nach einem kurzem Rückschlag Anfang der 80er blieb die deutsche Wirtschaft weiterhin in einer guten Verfassung, aber zu Japan gesellten sich neue bedrohliche Wettbewerber aus Südostasien hinzu. Der Zusammenbruch des Kommunismus Anfang der 90er bescherte zwar eine politische Euphorie, aber auch neue Billiganbieter, vor allem bei den Löhnen. Der internationale Wettbewerb hatte vollends auf Deutschland durchgeschlagen.
Immer schneller verkürzten sich die Produktionszyklen. Die Großunternehmen reagierten darauf mit neuen Organisationsformen. Die internationalen Verpflichtungen Deutschlands nahmen immer größeren Umfang an und absorbierten Potentiale. Die Restrukturierung der ostdeutschen Wirtschaft verbrauchte fast das gesamte nationale Investitionsvolumen. Gleichzeitig war die wohlfahrtsstaatliche Ausrichtung an ihre innere Grenze – die Aufrechterhaltung der Leistungsbereitschaft eines ausreichend großen Teils der Bevölkerung – gestoßen. Die Ressourcen der staatlichen Einflußnahme auf das Wirtschaftswachstum waren endgültig erschöpft.
Es gibt keine stabile Konjunkturentwicklung mehr. Der Staat ist als stabilisierender Wirtschaftsfaktor ausgefallen. Die Außenmärkte sind diskontinuierlich geworden.
Es wird immer schwerer vorauszusehen, auf welche Veränderungen sich das Unternehmen zukünftig einzustellen hat.

> **Es gibt drei Dinge, die man anfängt,**
> **ohne daß man weiß, wie sie ausgehen:**
> **Liebe, Revolution und Karriere.**
> ***Helmut Maucher***

Gleichzeitig wird es aber auch immer wichtiger, zu erkennen, welche Veränderungen mit welchen weitreichenden Wirkungen wahrscheinlich eintreten werden und diese dann ins unternehmerische Kalkül zu ziehen.

Das wandelt die Karrierewege weitaus radikaler als alle vorhergegangenen Entwicklungen.

Es gibt derzeit **fünf Wege**, über die sich eine Karriere entwikkeln kann, doch nur einem davon wird die Zukunft gehören.

Der **traditionelle Weg** ist immer noch der Aufstieg innerhalb eines Unternehmens. Er wird jedoch immer weniger beschritten, und je höher die Managementverantwortung angesiedelt ist, desto bedeutungsloser wird er für die Karriere.

In der Wertigkeit folgt danach gleich die **Empfehlung über das persönliche Netzwerk.** Sie wird immer wesentlich bleiben, aber immer häufiger tritt dies in Verbindung mit einer professionellen Personalberatung auf.

Der dritte Weg ist derjenige über eine **direkte Bewerbung auf eine Stellenanzeige eines Unternehmens.** Selbst für das mittlere Management nimmt dieser Weg nur noch eine untergeordnete Rangfolge ein. Für das obere Management wird dieser Weg kaum noch verwendet.

Nach wie vor weit verbreitet ist die **Bewerbung über eine Stellenanzeige, die eine Personalberatung geschaltet hat.** Diese ist vor allem eine Domäne der Karriereentwicklung im mittleren Management gewesen. Doch auch auf dieser Ebene wird diese Methode durch einen anderen Weg zurückgedrängt.

Fast jeder Manager, auf alle Fälle jeder erfolgreiche, wird an einem Punkt in seiner Karriere auf einen modernen Weg gelangen: das Headhunting, oder in deutsch ausgedrückt, die Direktansprache.

Vor zwanzig Jahren wurde diese Methode der Personalsuche nur für das Topmanagement verwendet. Heute verkünden selbst diejenigen Personalberater, die nur durch ihre Anzeigen in der FAZ bekannt sind, daß sie über 50 % ihrer Aufträge als **Executive Search**, also durch die Direktansprache abwickeln. Manche der hier angeführten Verhaltensweisen in der Karriereentwicklung gelten auch für anzeigengestützte Personalberater oder für Karrieren, die auf persönlichen Beziehungen beruhen. Fast jeder dieser Manager wird jedoch auch mit einem Headhunter Kontakt gehabt haben. Wurde er noch niemals von einem Headhunter angesprochen, muß er sich fragen, ob seine Karriere bisher wirklich erfolgreich verlaufen ist.

Und was man lange nicht für möglich gehalten hätte: Seit einigen Jahren gibt es auch in Deutschland Headhunter, die sich auf die Gruppe der besten Hochschulabsolventen bzw. die Gruppe mit den allerersten Berufserfahrungen konzentrieren. Der Bedarf durch die Unternehmen dafür ist vorhanden.

Ohne Headhunter geht fast nichts mehr!

Die Beratungsgesellschaft *Egon Zehnder International*, lange Zeit unangefochten Marktführer in Deutschland, konnte ihren Umsatz von einem bereits 1980 hohem Niveau bis 1995 verfünffachen.

1980	1985	1990	1995
5 Mio. DM	12 Mio. DM	22 Mio. DM	25,0 Mio. DM

Diese Gesellschaft hatte 1980 nur ein einziges Büro in Düsseldorf, während sie heute auch noch von München, Frankfurt, Berlin und Hamburg aus agiert. Inzwischen wurde sie im Umsatz jedoch von *Amrop Mülder und Partner* übertroffen:

1980	1985	1990	1995
2,1 Mio. DM	10,6 Mio. DM	21,7 Mio. DM	30,2 Mio. DM

Ward Howell ist die am meisten eigenständige Organisation in dieser Branche, denn in ihr gibt es nur Partner. Jeder Partner ist sein eigenes Profitcenter. Auch an ihrem Umsatz läßt sich die explosionsartige Ausdehnung des Marktes ablesen:

1980	1985	1990	1995
3 Mio. DM	6,5 Mio. DM	12 Mio. DM	19 Mio. DM

Für die meisten Manager ist die Tätigkeit der Headhunter immer noch mit einer geheimnisvollen Aura umgeben. Man erhält einen Anruf und weiß noch gar nicht so recht, worum es eigentlich geht. Man trifft sich in den besten Hotels, wird umschmeichelt und soll aber zugleich alles über sich erzählen. Man lernt den zukünftigen Arbeitgeber kennen, beginnt hart und langwierig zu verhandeln und erfährt am Ende gar nicht genau, warum man abgelehnt wurde.

Der Headhunter ist umgänglich und tritt weltmännisch auf. Er kennt zahlreiche Unternehmer und Topmanager und bringt immer wieder neue Kontakte ins Spiel. Er gibt Hinweise zum richtigen Verhalten und ist trotzdem irgendwie unfaßbar. Der Kandidat kann seine Methoden nicht richtig durchschauen.

Warum ist das Headhunting unumgänglicher Bestandteil einer erfolgreichen Karriere?

Letztendlich werden Unternehmen nicht von Kapital, von Märkten, von Patenten oder von Maschinen aufgebaut und zerstört, sondern von Menschen.
Lyndall Urwick

Wenn Manager in den Personalnotizen des *Handelsblatts*, der *FAZ*, der *Wirtschafts Woche* oder des *manager magazins* wieder einmal von der Besetzung einer Managementposition mit einem bekannten Namen lesen, stellen sie sich oft die Frage:

»Wie hat der das bloß geschafft?!«

Welches Geheimnis steckt hinter beeindruckenden und überraschenden Karrieren?

Als erstes gehört zu solchem Erfolg sicherlich die berufliche Qualifikation. Doch das ist so selbstverständlich, daß es keiner weiteren Erläuterung bedarf. Ebenso bekannt ist die Rolle von persönlichen Kontakten. Ein gutes Beziehungsnetz verbessert die eigenen Chancen und kann manche persönliche Unzulänglichkeit ausgleichen. Doch wie gelingt es, sich für eine offene Position, von der man gehört hat und für die man sich interessiert, auch ins Gespräch zu bringen? Das ist schon weitaus schwieriger. Die Erfahrung von Headhuntern zeigt, daß viele Manager durch falsches Verhalten ihre guten Chancen verspielen. Das betrifft bereits die Vorbereitung auf das erste Gespräch. Ist der Manager dann einmal im Gespräch, scheitert er oft noch unmittelbar vor der Ziellinie.
Und nicht zuletzt wird hier auch die Funktion des Headhunters in der eigenen Karriereentwicklung unzureichend berücksichtigt. Nach etlichen negativen Erfahrungen wird so mancher Manager zu der Einsicht gelangen: »Hätte ich doch bloß . . .«
Am Anfang von allem steht jedoch eine Frage, die sich während der beruflichen Entwicklung immer wieder stellt:
»Kann ich meine Karriere überhaupt beeinflussen, und wenn ja, in welche Richtung soll ich sie beeinflussen?«
Die Zeiten, in denen das Berufsleben in einem einzigen Unternehmen und auf einer Funktionsebene verbracht worden war, sind ein für allemal vorbei. Der Wechsel nicht nur zwischen Wettbewerbern, sondern auch zwischen verschiedenen Branchen und inzwischen sogar verstärkt zwischen verschiedenen Funktionsebenen erhöht heute für jeden Manager die beruflichen Chancen. Doch keine neue Chance ist ohne zusätzliches Risiko. Auf diesem Wege gibt es ungeahnte Irrwege und zahllose Klippen.
Dieses Buch bietet dabei eine Orientierung.

Das Headhunting ist die wichtigste Form der Personalsuche im gehobenen Management. Die Methoden der Headhunter bleiben den Managern meist verschlossen. Für eine zielgerichtete Karriereentwicklung muß der Manager aber diese modernen Methoden der Personalsuche kennen, um sich selber umfassend vorbereiten zu können.

Anstößige Anfänge

2

Historische Entwicklungen interessieren im Management nur, wenn sie für die Gegenwart eine bessere Orientierung bieten. An der Entstehung des Headhuntings läßt sich erkennen, was sich an der Stellung des Managements mittlerweile alles verändert hat und in welche Richtung Karrieren zukünftig verlaufen werden.
Vor 100 Jahren verlief im oberen Management der Karriereweg im wesentlichen innerhalb einer einzigen Firma. Inhabergeführte Firmen mit starker Betonung des patriarchischen Führungsstils waren dominierend. Selbst in den meisten Aktiengesellschaften waren ihre Gründer noch stark in der Führung des Unternehmens eingebunden. Der familiäre Hintergrund, das Treuebekenntnis zum Kaiser einschließlich der Reserveoffizierslaufbahn und demzufolge auch das Hochdienen innerhalb des Unternehmens waren ausschlaggebend. Auf der unteren Managementebene allerdings war der Wettbewerb auch damals schon stärker ausgeprägt. In der Zeitschrift *Organisation* wird in einem Artikel aus dem Jahre 1908 als Resümee der Überlegungen, wie eine Vakanz besetzt werden soll, festgehalten:

»Alles in allem soll der Amtsvergeber, sei er Chef, Betriebsleiter oder Geschäftsführer, stets das Prinzip walten lassen, seine Wahl ausschließlich nach der inneren Qualifikation des Bewerbers zu treffen. Die Konkurrenz der Fähigkeiten, nicht der Gehaltsforderungen, oder erst in zweiter Linie in Betracht kommender Äußerlichkeiten soll für das Angebot der Arbeitskräfte entscheidend sein, und ohne den Schematismus der Branche oder des Schulzeugnisses zu kennen, soll die Nachfrage ihre Wahl treffen.« (gefunden im Buch *Personalberater 1995/96, Heinrich Sadler Verlag, Ratingen*)

Zwar wird der »inneren Qualifikation« der erste Platz unter den Auswahlkriterien eingeräumt, aber wenn die »Konkurrenz der Fähigkeiten« noch einmal gesondert betont werden muß, heißt dies nichts anderes, als daß eben formale Äußerlichkeiten doch ein übergroßes Gewicht hatten. Vakanzen wurden im wesentlichen durch Inserate und durch Vermittlungsbüros besetzt. Die **Auswahl im oberen Management erfolgte jedoch weitgehend über persönliche Kontakte. Die Fluktuation war gering.**

Die neuen Wirtschaftszweige, wie z. B. die Automobilindustrie, die Elektroindustrie oder die Großchemie, entstanden allmählich und aus kleinen Anfängen heraus, ohne daß damit umfangreiche Umbesetzungen verbunden gewesen wären. Es gab so gut wie keinen Abbau vorhandener Industriezweige. Der Manager spielte in der Gesellschaft auch keine so herausgehobene Rolle wie heute. Er rangierte erst weit hinter den Offizieren, den Pastoren und den staatlichen Amtsinhabern.

Schon damals allerdings waren die Verhältnisse in den USA ganz andere. Der riesige und permanent expandierende Binnenmarkt, eine sich nicht gegen Außenseiter abschottende Gesellschaftsstruktur sowie florierende Aktiengesellschaften produzierten einen stetig wachsenden Bedarf auch an Topmanagern. Bald stellten Unternehmer und CEOs fest, daß sie diejenigen der guten Manager, die sie eigentlich haben wollten, immer seltener über Stellenanzeigen bekamen. Am einfachsten war es, die besten Manager eines Wettbewerbers aus dessen Unternehmen herauszukaufen.

Das war ein anstößiges Unterfangen, weil es gegen das damalige Verständnis der guten Sitten verstieß. **Es war noch nicht erkannt worden, daß der Managermarkt ein Markt wie jeder andere auch ist, der Preis, Qualität und Zeit koordiniert.**

Kein Unternehmer oder sein Angestellter konnte deshalb die Tätigkeit des Vermittlers selber übernehmen. Es wurden Men-

Die weltweit umsatzstärksten Headhunter nach Honorarumsätzen im Jahre 1995

1.	Korn Ferry	297,0 Mio. DM
2.	Heidrick & Struggles	222,7 Mio. DM
3.	Spencer Stuart	222,7 Mio. DM
4.	Egon Zehnder	201,3 Mio. DM
5.	Russel Reynolds	180,5 Mio. DM
6.	Amrop Mülder & Partner	148,4 Mio. DM
7.	Ward Howell	135,5 Mio. DM
8.	Berndtson Paul Ray	114,0 Mio. DM
9.	Neumann	105,6 Mio. DM
10.	Norman Broadbent	72,6 Mio. DM

Quelle: VDESB, Schätzungen der Autoren

Es gibt derzeit keine exakt zutreffende Rangfolge bei den Beratungsunternehmen. In die Umsätze werden sehr verschiedene Bestandteile miteingerechnet. Mal werden zu den reinen Honoraren auch die Spesen addiert, mal werden Büros in anderen Ländern miteingerechnet oder es werden die Umsätze von kleineren Tochtergesellschaften miteinbezogen.
Diese Rangfolge ist deshalb nur eine grobe Orientierung, sie gibt aber die Realität einigermaßen zutreffend wieder. Die Zahlen stammen entweder aus den Angaben der Beratungsgesellschaften oder aus eigenen Schätzungen auf Grund der Marktkenntnis.

schen benötigt, die zwar auch mit dem Management verbunden waren, aber denen selber doch irgendeine Eigenschaft fehlte, sei es der persönliche Wille, fachspezifisches Interesse, die Ablehnung einer langjährigen Aufstiegstour oder auch die Fähigkeit zum Führen größerer Menschengruppen. Zwar konnten sie niemals in die obersten Etagen aufsteigen, waren jedoch bereit, derartige delikate Vermittleraufgaben zu übernehmen. Dafür waren bestimmte Eigenschaften erforderlich: Kontaktfreudigkeit, schnelles Erfassen unterschiedlicher Situationen, perfekte Umgangsformen und vor allem das Zurücknehmen der eigenen Individualität. Sie wußten, daß die gesellschaftlichen Kreise, in denen sich die Manager bewegen, eine solche Tätigkeit nicht mit sozialer Anerkennung honorieren würden. Es war in den USA ein leichtes, diesen gewissen Nachteil im sozialen Status mit einem hohen Einkommen zu kompensieren. Zu jener Zeit, in den 30er Jahren und vor allem in den Jahren nach dem II. Weltkrieg, war das Geschäft des Headhunters tatsächlich ein »Köpfejagen«. Die Vermittler waren keine Personalberater, sondern hatten nur den Auftrag, einzelnen Managern, die zudem oft schon bekannt waren, ein lukratives Angebot zu unterbreiten.

Sehr schnell wandelte sich jedoch ihre Aufgabe. Alsbald erkannten nämlich die Unternehmer, was für ein universelles Instrumentarium sie auf einmal bei der Personalsuche in die Hand bekommen hatten. Es kam gar nicht mehr darauf an, nur eine ganz bestimmte Person abzuwerben, sondern bald kam es vielmehr darauf an, die offene Position im Unternehmen mit der am besten im Markt verfügbaren Person zu besetzen.

Für etliche Jahre beschränkte sich diese Aufgabe tatsächlich auf das Topmanagement. Für die anderen Managementebenen wurden zur Suche die üblichen Stellenanzeigen verwendet. Aus dieser Zeit stammt in Deutschland noch bis heute das etwas ominöse Flair der Headhunter, das man in etwa so beschreibt:

Sie bewegen sich nur in den oberen Kreisen, kaufen die besten Manager aus anderen Unternehmen heraus und verdienen damit auch noch sehr viel Geld.

Die Anforderungen an eine moderne Personalsuche haben sich aber geändert und so auch der Beruf des Headhunters, von dem eigentlich nur noch der Name an seinen Ursprung erinnert. Aus dem Headhunting wurde das Executive Search, also die Personalsuche und Personalberatung im gesamten Managementbereich. Da der sich für eine andere Aufgabe interessierende Manager nicht auf eine Zeitungsanzeige reagiert, sondern durch den Personalberater direkt angesprochen wird, entstand im Deutschen die Bezeichnung **Direktansprache**. Dafür entwikkelten die Headhunter ein vielfältiges Instrumentarium. Es bildeten sich sowohl reine Spezialisten mit nur wenigen Mitarbeitern in einem Büro als auch weltumfassende Headhuntingorganisationen mit Büros in vielen Ländern heraus.

In der Vergangenheit wurde von alteingesessenen großen Unternehmen häufig der Vorwurf geäußert, Headhunter würden ihnen Führungskräfte abwerben. Das waren vor allem Unternehmen, die weitgehend auf die interne Führungskräfteentwicklung im Unternehmen setzten. Manchmal steht dieser Vorwurf auch heute noch ungenannt im Raum.

Können Headhunter mit einem lukrativen Angebot wirklich Manager aus ihrem angestammten Unternehmen abwerben?

Das machen sie jeden Tag!

Viele Headhunter versuchen den Begriff »abwerben« zu leugnen, indem sie darauf verweisen, daß sie nur wanderungswillige Manager zu einem Gespräch bewegen können. Das ist eine Ausflucht. In fast jedem Manager kann man Wechselbereitschaft erzeugen, das Angebot muß nur interessant genug sein!

Die Unternehmensleitungen beschweren sich aber natürlich nur dann über die Headhunter, wenn ein wichtiger Manager sie gerade verlassen hat, niemals jedoch, wenn sie einen guten Manager neu einstellen.

Daraus resultieren auch abwertende Charakterisierungen des Headhunters als »Vorkoster der Aufsichtsräte« oder »Materialprüfer der Personalchefs« oder »Trüffelschweine« und was sich sonst noch dergleichen so schön formulieren läßt. Nur wenige Berufe sind in so kurzer Zeit in das Rampenlicht der Öffentlichkeit gerückt. Neid ist dabei wohl eine nicht zu umgehende Begleiterscheinung.

Headhunter sind mittlerweile in die Rolle des Beraters für die Managemententwicklung und für die Lösung von Managementproblemen in den Unternehmensleitungen hineingewachsen. Sie sind heute zum wichtigsten Medium für Karriereentwicklungen im Management geworden.

Entwicklung des Managements – Aufstieg des Headhuntings 3

Ein Blick in den Stellenteil der *Frankfurter Allgemeinen Zeitung* am Samstag könnte leicht zu der Auffassung verleiten, daß die Annonce nach wie vor der gebräuchlichste Weg zur Suche eines neuen Managers ist. Vielleicht trifft das im unteren Management gerade noch zu. Für das mittlere und obere Management ist das jedoch bei weitem schon nicht mehr der Fall.

Für das Topmanagement kamen Anzeigen sowieso nie in Frage. Nur selten kommt es vor, daß ein geeigneter Manager auf dieser Ebene, der gerade aus einem Unternehmen ausgeschieden ist und eine neue Stelle sucht, auch auf eine freie Topposition paßt. Derartige Positionen werden ohnehin sehr selten über Anzeigen angeboten. Deshalb lohnt sich für den Manager häufig kaum die Mühe, die Stellenanzeigen einer Zeitung durchzusehen.

Da zudem der Kreis der in Frage kommenden Manager überhaupt sehr klein ist und in den Anzeigen der Name des suchenden Unternehmens fast nie genannt wird, besteht die Gefahr, daß eine direkte Bewerbung in falsche Hände geraten kann und der Manager sich kompromittiert. Der angepeilte Job kann ihm damit leicht aus den Händen gleiten.

Ein ähnlicher Effekt würde auftreten, wenn ein Manager der oberen Ebene und noch fest im Unternehmen, der entweder mit seiner Aufgabe unzufrieden ist oder der einfach nur seinen Marktwert testen möchte, sich auf eine Anzeige hin bewirbt. Falls sein Arbeitgeber von seiner Bewerbung erfahren würde, wäre seine aktuelle Position enorm gefährdet.

Da sich, vor allem in derselben Branche, die Spitzenmanager und die Unternehmer durch ihre berufliche Tätigkeit oder ihre Arbeit in Verbänden u. ä. untereinander kennen, sind die Wege des Informationsaustausches sehr kurz.
Allerdings wollen es auch viele Geschäftsleitungen vermeiden, daß ihre Suchbemühungen zu früh an die Öffentlichkeit gelangen. Oft ist die Position noch von einem Manager besetzt, der noch gar nichts von seiner bevorstehenden Ablösung weiß. Sollen neue Geschäftsbereiche aufgebaut werden, wäre es sogar gefährlich, wenn der Markt frühzeitig von diesen Absichten erführe. Ebenso unangenehm wäre es, wenn Veränderungen auf der Top-Ebene als Gerüchte an die Öffentlichkeit gelangen würden. Das zieht Unruhe im Unternehmen nach sich und könnte als Führungsschwäche gedeutet werden.
Einstmals inhabergeführte Unternehmen, bei denen auf Grund unglücklicher Erbfolgeregelungen sich die Eigentümer in verschiedene Familienstämme aufsplitten, sind dafür besonders anfällig.
So erlebte Europas bekanntester Gebäckhersteller, die Firma *Bahlsen,* 1993 beinahe ein Debakel. Als die Auseinandersetzungen zwischen *Hermann Bahlsen* und seinen Vettern, den Geschwistern *Lorenz Bahlsen* und *Werner-Michael Bahlsen* eskalierten, wurde ein renommierter Manager gewonnen, die Geschäftsführung zu übernehmen, um sozusagen eine neutrale Position einzunehmen. Als jedoch dieses Vorhaben und die Person, der Deutschland-Geschäftsführer der Firma *Lever, Dieter Meuderscheid,* durch eine gezielte Indiskretion an die Öffentlichkeit gelangte, schien sogar nur durch einen Verkauf von Bahlsen ein Ende der Querelen möglich. Die Beteiligten besannen sich jedoch, und es ist wieder Ruhe im Unternehmen eingekehrt. *Dieter Meuderscheid* hat inzwischen eine Karriere als erfolgreicher Sanierer und Berater gemacht.
Im *Kölner* Traditionshaus *4711* gelang dies allerdings nicht. Entsprechend einer alten kölschen Tradition trugen die Vettern *Dieter Streve-Muelhens* und *Ferdinand Muelhens* ihre Familienfehde jahrelang öffentlich aus. Die Folge war, daß beide

1994 ihr Unternehmen an das Darmstädter Körperpflege-Unternehmen *Wella* verkaufen mußten.
Hätte der Zeitungsverlag *Springer* für jeden über ihn in den letzten fünf Jahren geschriebenen Artikel eine Tantieme erhalten, hätten nicht so oft die Dividendenzahlungen ausfallen müssen. Nach vorsichtigen Schätzungen sollen über 60 Millionen DM an Abfindungen für Vorstände und Manager auf der zweiten sowie dritten Ebene gezahlt worden sein.
Die Beispiele zeigen, daß es viele gute Gründe gibt, weshalb Unternehmen sich bemühen, in aller Stille einen geeigneten Manager zu suchen und nicht mittels einer Anzeige eine breite Öffentlichkeit aufmerksam zu machen.

In den letzten Jahren haben sich im gesamten Management einschneidende Veränderungen vollzogen. Diese betreffen sowohl die Qualifikation und das Selbstverständnis der Manager als auch die Anforderungen an die Manager von Seiten der Unternehmensleitungen. Der Markt für das Management hat sich gewandelt.
Die vergangenen Jahrzehnte waren von einem sich immer weiter ausdehnenden Staatseinfluß gekennzeichnet, der sich auch auf die Wirtschaft erstreckte. Parallel dazu wurden Großorganisationen, ob in der Wirtschaft oder in den Verbänden, ebenso immer mächtiger. Multinationale als **Global Player**, Gewerkschaften als Tanker, Unternehmensverbände als Dinosaurier und der Staat als Vollkaskoeinrichtung waren die Stichworte dieser Periode. In allen gesellschaftlichen Bereichen waren riesige Bürokratien entstanden. Eine enorme Zunahme der Wettbewerbsbeschränkungen war der Preis dieser Entwicklung.
In diesen Großorganisationen verliefen die Managerkarrieren in der Regel meist statisch und sie hatten einen linearen Verlauf. Der Manager verblieb zumeist sein ganzes Berufsleben lang in einem einzigen Erfahrungsbereich. Diese Verhältnisse sind heute zwar noch nicht vollständig verschwunden, aber der Wandel ist unübersehbar.

Manchmal werden Schlagworte so häufig verwendet, daß sie die tiefgreifenden Veränderungen, die sie in Worte fassen sollen, schon wieder verdecken. Die »Globalisierung der Märkte« ist ein solches Schlagwort. Dahinter versteckt sich die Entstehung eines gemeinsamen europäischen Marktes, der Aufbruch Asiens, die Stabilisierung Südamerikas sowie der Zusammenbruch des Kommunismus und der Eintritt dieser Staaten in den Weltmarkt. Über 200 Jahre lang vergrößerte sich der Weltmarkt durch die Stärkung der innerstaatlichen Märkte. Der erste Ölpreisschock von 1973 war die erste Mitteilung an das Weltbewußtsein, daß diese Ära zu Ende geht. Es gibt keine nationalstaatlich abgegrenzten Märkte mehr.

Die Zurückdrängung der Industrie und der Aufstieg der Dienstleistung kennzeichnet diese neue Entwicklung. Auf diesem globalen Markt dominiert die neue Wachstumsbranche »Informationstechnologie«.

Und nicht nur das: In der Vergangenheit war die »Zeitbeschleunigung« immer ein entscheidendes Ziel der wirtschaftlichen Bestrebungen gewesen. Heute wiederum hat die Kommunikationsübertragung einen Stand erreicht, wo wir uns fragen müssen, ob es zukünftig überhaupt noch eine wesentliche Zeitbeschleunigung geben wird. Läßt sich die Informationsübertragung von einem PC in den USA auf einen PC in Deutschland noch beschleunigen? Nach dem Scheitern der Überschallverkehrsflugzeuge als Massenverkehrsmittel ist die Frage, ob es zukünftig bei der Überbrückung längerer Distanzen noch eine wesentliche Transportbeschleunigung geben wird, nicht irrelevant.

Dem permanenten Wechsel können Großorganisationen nur schwer folgen. Internationale Konzerne hatten die Größenordnung kleinerer Staaten angenommen. Sie schienen ihren Mitarbeitern langfristige Sicherheit zu bieten. Als es sich erwies, daß die allermeisten dieser Konzerne permanent eine unterdurchschnittliche Rendite erwirtschafteten, mußten die Unternehmensleitungen reagieren. Die Managementmethoden wechselten in einem immer schnelleren Rhythmus, und auf dem Höhepunkt wurden durch die **Business Reengineering-Programme**

alle herkömmlichen Vorgehensweisen über Bord geworfen. Alles, was den Managern als verläßliche Orientierungsgröße gegolten hatte, war dahin. In Jahrzehnten aufgebaute Großbürokratien verlieren in allen Bereichen der Gesellschaft ihre Daseinsberechtigung.
Die Entwicklung des Management vollzieht sich in einer enorm wettbewerbsbetonten wirtschaftlichen Umwelt. Damit sind Probleme, aber auch Chancen für den Manager verbunden.

Bis vor einigen Jahren hatten Manager mit Erfahrungen in verschiedenen Branchen Seltenheitswert. In den Geschäftsleitungen und im Management dominierte die Vorstellung, daß bei einem Wechsel zwischen den Branchen die Branchenerfahrung nicht ausreichend sein kann. Die Karriere verlief entweder nur in einem einzigen Unternehmen oder in Unternehmen derselben Branche. Alles andere galt als unstet und nicht seriös. Diese Einstellung hing damit zusammen, daß die Unterschiede zwischen den Branchen nicht nur durch das Produkt bedingt waren, sondern auch durch andere Fertigungsmethoden und Distributionswege. Auch das jeweilige Management unterschied sich deutlich in seinem Charakter voneinander.
Der gegenwärtige Entwicklungsprozeß wird demgegenüber von zwei Tendenzen geprägt:
Zum einen gleichen sich die Methoden, Verfahren und Verhaltensweisen im Management immer stärker. Produktionsmethoden, Logistikfragen oder Marketingaufgaben werden nicht mehr ausschließlich von den Spezifika der einzelnen Branchen oder gar Produkte geprägt. Die Branchen haben voneinander gelernt, und die Vorgehensweisen sind austauschbar geworden.
Zum anderen werden die Lebenszyklen der Produkte immer kürzer. Das bedeutet, in kürzeren Zeiträumen zu planen, zu entwickeln, zu produzieren und zu vertreiben. Der Markt verändert sich permanent.
Beides erfordert einen anderen Managertyp. Die branchenübergreifende Berufserfahrung ist deshalb kein Nachteil mehr, sondern ganz im Gegenteil zu früher heute ein wesentlicher Vorteil. **Das Erfolgsmanagement ist heute weitgehend generali-**

stisch geprägt. Die Manager benötigen ein breites Wissen über moderne Managementmethoden und müssen über den engen Branchenhorizont hinaussehen können. Das schließt aber nicht aus, daß für einige Bereiche nicht trotzdem Insider benötigt werden, also keine Generalisten.
Diese Eigenschaften verbinden sich gleichzeitig mit einer höheren Gesamtverantwortung für das Unternehmen und sein gesamtes Umfeld. Der Manager muß rechtzeitig politische Entwicklungen antizipieren und das Unternehmen darauf einstellen. Zudem hat er es mit weitaus selbstbewußteren Mitarbeitern beiderlei Geschlechts als früher zu tun.
Manager wollen sich wohlfühlen, um Höchstleistungen zu vollbringen. Frust im Unternehmen ist der Garant für rote Zahlen. Das hört sich vielleicht wie eine Sonntagspredigt an, aber es ist für viele Unternehmen zur bitteren Realität geworden. Viele Beispiele der jüngeren Vergangenheit beweisen, daß durch eine miserable Führungsmannschaft die wichtigsten Leistungsträger das Unternehmen verlassen haben und dann ein rasanter Absturz erfolgte.
Ein Beispiel dafür lieferte die *Fa. Schwartzkopf.* Nachdem dieser traditionelle Hersteller von Haar- und Körperpflegeprodukten 1990 vom Chemieriesen *Hoechst* übernommen worden war, wurden die Führungskräftepositionen in der Geschäftsführung mit *Hoechst*-Mitarbeitern besetzt, die aber nur ihr traditionelles Chemiegeschäft verstanden. Mit der Führung eines quirligen und sehr schnell agierenden Konsumgüterherstellers waren sie nicht vertraut. Ebensowenig war ihnen die Mentalität der Führungskräfte in solchen Firmen bekannt, so daß sie bald auf große Akzeptanzschwierigkeiten stießen. Dies führte zu einer massiven Abwanderung von Fachkräften bei *Schwartzkopf.* Frustriert verkaufte *Hoechst* dann das Unternehmen 1995 an den größten Waschmittelhersteller *Henkel.*

Häufig werden die beiden Begriffe »Management« und »Führungskräfte« synonym verwendet, so auch in diesem Buch. Für die allermeisten Führungskräfte bedeutete bis vor kurzem »Führung« jedoch nicht viel mehr als das Ausführen von Weisungen übergeordneter Manager gegenüber anderen Mitarbeitern. Genau dieses System funktioniert in der veränderten Wettbewerbswelt nicht mehr. In den Bereichen, in denen es noch weitgehend vorhanden ist, ist es nicht mehr sehr wirkungsvoll.

»Führen« heißt, selbständig Entscheidungen zu treffen. Das ist nicht jedem Manager in die Wiege mitgegeben worden, aber es ist – bis zu einer individuell unterschiedlichen Dimension – erlernbar. Zumeist befindet sich jeder Manager in einer Doppelrolle. Er führt in einer Konkurrenzsituation und gleichzeitig wird er selbst geführt. Berücksichtigt er diesen Zusammenhang in seinem Handeln nicht, wird er scheitern oder frustrierte Mitarbeiter zurücklassen.

Herausragende Führungskräfte stellen die Richtung, welche das Unternehmen einschlägt, in den Mittelpunkt ihrer Managementtätigkeit. Manager, die im alten Verständnis führen, bemühen sich vor allem lediglich um die Aufrechterhaltung der Organisation.

Aus der Sicht des Managers bedeutet das: Wenn das Unternehmen nicht die Möglichkeit einer inneren Bindung an die Aufgabe und damit einer Identität bietet, wird es als reine Karrierestufe verstanden werden. Da der Markt für das Management trotz des Abbaus von Hierarchiestufen für qualifizierte Manager immer größer geworden ist, gelingt ihm ein Wechsel auch immer öfters. Instinktiv versucht der Manager in eine Situation zu kommen, wo er zwischen verschiedenen Unternehmen auswählen kann. Er weiß um die Abhängigkeit des Marktauftritts des Unternehmens von seinem persönlichen Engagement.

Aus der Sicht des Unternehmens bedeutet diese Entwicklung: Die Unternehmensleitungen haben heute einen weitaus umfangreicheren Bedarf an Beratung im Personalbereich, als das noch vor einigen Jahren der Fall war. Es reicht nicht mehr aus, das Anforderungsprofil an eine Position nur mit Hilfe des internen Know-hows zu definieren. Ebensowenig können qualifizierte Manager, die neu in die Führungsmannschaft aufgenommen werden sollen, allein nur durch die eigene Personalab-

teilung gesucht und beurteilt werden. Personalberatung ist immer mehr eine Spezialistentätigkeit geworden.
Darauf reagieren in zunehmenden Maße die Unternehmensleitungen auch mit einem Umbau ihrer Personalabteilungen. Zumeist führen sie ein von dem eigentlichen Unternehmensziel, einen Ertrag zu produzieren, doch weitgehend getrenntes Leben. Sie sind papierorientiert, und ihr Interesse konzentriert sich auf eine firmeninterne Verteilungsgerechtigkeit. In Deutschland hat dazu in besonderem Maße die Ausweitung der Mitbestimmung und die wachsende Bedeutung eines zentralen Flächentarifs beigetragen. Dadurch gerieten die Personalmanager nach und nach in Widerspruch zum Linienmanagement. Jetzt wird diese Entwicklung gestoppt und umgekehrt. Die Manager der Personalabteilungen werden für die Vorgabe von Rahmenbedingungen verantwortlich sein. Das unmittelbare Personal-Know-how verlagert sich auf die im operativen Geschäft tätigen Manager. Das übergreifende Know-how wird in immer stärkeren Maße zugekauft, ähnlich der Tätigkeit der Unternehmensberatungen.
Das ist die Stunde der Headhunter. Ihre Form der Personalberatung ist die geeignetste Antwort auf die moderne Form des Managements.

Der Wettbewerb einschließlich der damit verbundenen technischen Entwicklung hat unser gesellschaftliches Umfeld mehr verändert, als alle politischen Bestrebungen dies jemals beabsichtigt haben.
War die Direktansprache bis vor einigen Jahren noch eine Domäne der ersten Managementebene, hat sie sich inzwischen auch auf den darauffolgenden Ebenen durchgesetzt.
Das Unternehmen braucht den Headhunter zur Beratung und zur Suche des geeignetsten Kandidaten. Der Manager braucht den Headhunter, um das passende Unternehmen zu finden.

Die größten Executive Search-Unternehmen nach Honorarumsätzen – in Europa 1995

1.	Egon Zehnder	105 Mio. DM
2.	Spencer Stuart	75 Mio. DM
3.	Neumann	72 Mio. DM
4.	Amrop Mülder & Partner	69 Mio. DM
5.	Korn Ferry	67,5 Mio. DM
6.	Heidrick & Struggles	63 Mio. DM
7.	Berndtson Paul Ray	54 Mio. DM
8.	Ward Howell	52 Mio. DM
9.	Tasa	26 Mio. DM
10.	Alliance	22 Mio. DM

Quelle: VDESB, Schätzungen der Autoren

Die größten deutschen Executive Search-Unternehmen nach Honorarumsätzen – 1995

1.	Berndtson Paul Ray	32 Mio. DM
2.	Amrop Mülder & Partner	30 Mio. DM
3.	Egon Zehnder	25 Mio. DM
4.	Ward Howell	19 Mio. DM
5.	Deininger	18 Mio. DM
6.	Heidrick & Struggles	16 Mio. DM
7.	Hofman Herbold	13 Mio. DM
8.	Tasa/Consulting Partners	12 Mio. DM
9.	Korn Ferry	11 Mio. DM
10.	Neumann	10 Mio. DM
10.	Spencer Stuart	10 Mio. DM

Quelle: VDESB, Schätzungen der Autoren

Die wenigsten Headhuntinggesellschaften geben exakt an, was sie alles in den Umsatz hineingerechnet haben. Objektiv schwierig ist es, eine Abgrenzung bei den Cross Border-Geschäften vorzunehmen, d. h. welches Länderbüro verrechnet welche Honorarleistung.

Die größten österreichischen Executive Search-Unternehmen nach Honorarumsätzen – 1995

1.	Neumann	8,8 Mio. DM
2.	Amrop	5,3 Mio. DM
3.	Egon Zehnder	3,3 Mio. DM
4.	Wieringer-Oberhuber	2,8 Mio. DM
5.	Ward Howell	2,3 Mio. DM
6.	Korn Ferry	1,9 Mio. DM
7.	TASA	1,3 Mio. DM
8.	Brendtson Paul Ray	1,0 Mio. DM

Quelle: The Economist Intelligence Unit Research Report, Schätzungen der Autoren

Die größten Schweizer Executive Search-Unternehmen nach Honorarumsätzen – 1995

1.	Egon Zehnder	13,2 Mio. DM
2.	Brendtson Paul Ray	7,2 Mio. DM
3.	Spencer Stuart	5,3 Mio. DM
4.	Amrop	4,3 Mio. DM
5.	Björn Johansson	3,9 Mio. DM
6.	Knight Wendling	3,8 Mio. DM
7.	Korn Ferry	3,3 Mio. DM
8.	TASA	3,3 Mio. DM
9.	Risi	2,6 Mio. DM
10.	Ward Howell	2,6 Mio. DM

Quelle: The Economist Intelligence Unit Research Report, Schätzungen der Autoren

Die 12 größten Anzeigenschalter im Jahre 1994

1. Baumann, Frankfurt
2. Kienbaum, Gummersbach
3. Steinbach, Stuttgart
4. Baumgartner, Sindelfingen
5. Dr. Heimeier, Dr. Tobien, Stuttgart
6. IFP, Köln
7. KLW, Bad Homburg
8. Mercuri Urval GmbH, Wiesbaden
9. Plaut, Frankfurt
10. Dr. Weber, Frankfurt
11. Konstroffer, Frankfurt
12. Stephan, Junges, Bad Homburg

Quelle: FAZ

Bei den umfangreich anzeigengestützt arbeitenden Personalberatungsgesellschaften ist eine Rangfolge nach den Honorarumsätzen noch viel schwieriger als bei den reinen Headhuntingorganisationen. Einige Gesellschaften nehmen keine saubere Trennung zwischen den Honoraren, den durchlaufenden Fremdkosten (Reisekosten, Anzeigenkosten) und den Betriebskosten (z. B. Kommunikationskosten) vor. Deshalb beruht diese Rangfolge auf den innerhalb eines Jahres geschalteten Anzeigenplatz bei der wichtigsten Zeitung, der *Frankfurter Allgemeinen Zeitung*.

Headhunting – eine Dreierkonstellation

4

Noch immer liegt ein Schleier des Geheimnisses über der Tätigkeit von Headhuntern. Viele Headhunter erteilen auch in ihren Broschüren keine Informationen über den Ablauf des Headhunting und schon gar nicht über ihre internen Methoden dafür. Selbst diejenigen, die dazu spezifische Hinweise geben, bleiben sehr im allgemeinen. Auch in den Präsentationen, die Headhunter beim Klienten durchführen, lassen sie sich selten in die Karten schauen. Moderne Headhunter dagegen, die selbstbewußt ihre Profession auch nach außen darstellen, haben keine Probleme, ihre Vorgehensweise und ihre Quellen mit dem Klienten zu besprechen. Sie werden jedoch ebenfalls stets nicht nur auf den Schutz von Klienten und Kandidaten achten, sondern ebenso ihre internen Instrumentarien zu bewahren wissen.

Wer möchte schon all seine Berufsgeheimnisse offenbaren! Das kann man ihnen auch nicht verdenken, denn ihr Wissen ist zugleich ihr Betriebskapital. Dies trifft um so mehr zu, als gar nicht wenige Headhunter die sie umgebende Aura nur allzugern pflegen, denn diese ist Bestandteil ihres Marktpreises.

Gleichzeitig kann man es aber den Unternehmensleitungen als Klienten und den Managern als Kandidaten nicht verdenken, daß sie den Schleier, den die Headhunter um ihre Tätigkeit legen, ein wenig lüften wollen. Sie wollen einen durchschaubaren Headhuntingprozeß haben, um ihn mit beeinflussen zu können. Außerdem haben sie kein Interesse daran, den Marktpreis der Headhunter dauerhaft hoch zu halten.

Interessenkonstellation im Headhunting

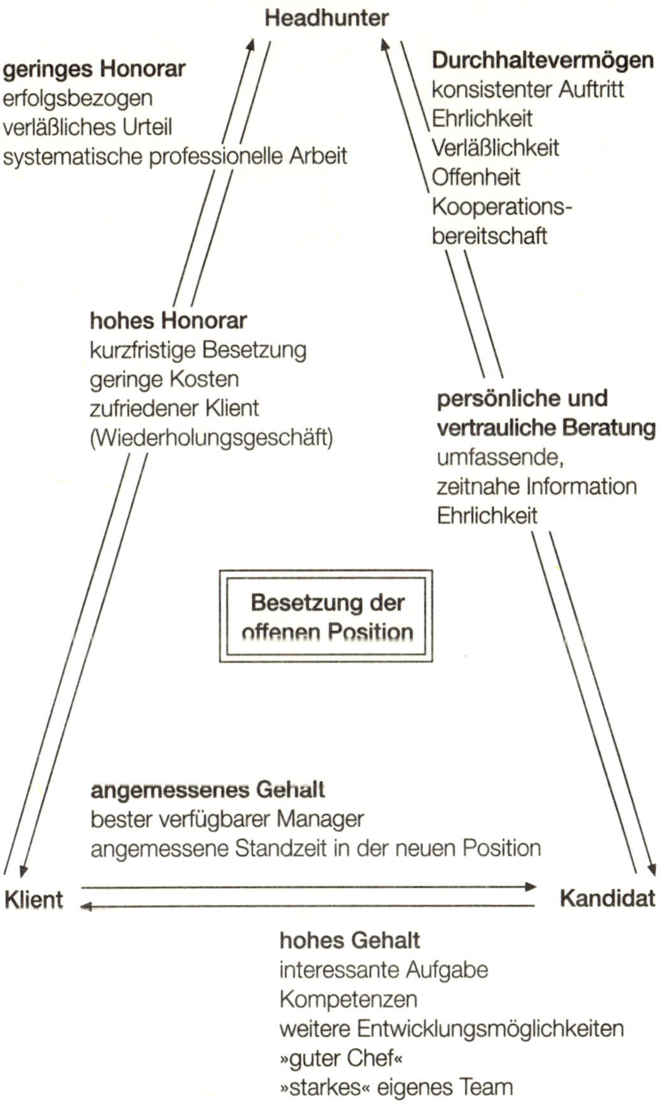

Die Ausgangspunkte der drei am Headhunting teilnehmenden Parteien,

- der Headhunter,
- der Klient,
- und der Kandidat,

sind also nicht deckungsgleich. Ein gemeinsames Interesse besteht jedoch und es überragt alles andere:
Die drei am Headhunting beteiligten Parteien haben das gemeinsame Ziel, so schnell wie möglich den Kandidaten zu plazieren. (Dabei meint jeder Kandidat natürlich nur sich selber.)
Das ist jedoch das einzige gemeinsame Interesse, welches diese drei miteinander verbindet. Die anderen Interessen sind gegensätzlich:

Der Headhunter will mit möglichst geringem Aufwand das höchstmögliche Honorar erhalten.
Der Klient will den besten Kandidaten für das geringste Honorar und das geringste Gehalt erhalten.
Der Kandidat will den besten Job, bezüglich der Aufgabe, seiner Kompetenz und dem Gehalt.

Rein mathematisch kann eine solche Interessenkonstellation nicht aufgehen, denn jeder will auf Kosten des anderen sein Ziel erreichen. Aber in der Realität bleiben diese Interessen stets die Fixpunkte, um die herum sich dann die Kompromisse bewegen. Diese Tatsache wird während der Zusammenarbeit von jedem der drei Teilnehmer immer wieder mal vergessen, woraus dann Mißverständnisse und Frustrationen resultieren.
So manche Headhunter werden diese Darstellung empört ablehnen. Sie werden gegen diese unterschiedlichen Interessen einwenden, daß sie auf dem Markt nicht bestehen könnten, würden sie nicht nachhaltig auf die Qualität ihrer Arbeit achten. Damit würden sie sich nicht im Unterschied zu den Interessen des Klienten und des Kandidaten sehen, denn auch diese wür-

den vom Headhunter zuallererst eine gute Leistung erwarten. Deshalb wäre die Höhe ihres Honorars ausschließlich von ihrer Leistung und nicht allein vom Gehalt der zu vermittelnden Position abhängig.

> **Was mich betrifft, so zahle ich für die Fähigkeit, Menschen richtig zu behandeln, mehr als für irgendeine andere auf der ganzen Welt.**
> ***John D. Rockefeller***

Das eine schließt das andere gar nicht aus. Der Headhunter erbringt seine Leistung nicht um ihrer selbst oder um der reinen Reputation willen. Sie steht immer in Zusammenhang mit der zu erzielenden Honorarhöhe. Selbstverständlich muß der Headhunter seinen Zeitaufwand, die verschiedenen Komponenten seiner Leistungsqualität und sein Honorar miteinander optimieren. Jeder Headhunter wird jedoch dasjenige Honorar nehmen, welches ihm der Markt ermöglicht.
Zweifelsohne beinhalten die Honorare so mancher Headhunter auch andere Bestandteile. So können Vorstände einen Bonus für die Hoffnung geben, im Falle der eigenen Jobsuche, vom Headhunter in seine Suchaufträge miteingebunden zu werden. Es gibt auch Headhunter, die sich einen Prominentenbonus verschafft haben. Andere Headhunter zehren von ihrer jahrelangen Erfahrung und versuchen mit wenigen Klienten ihre Honorare hoch zu halten. Diese und ähnliche Erscheinungen sind immer wieder einmal anzutreffen.
Typisch für den Prominentenbonus ist *Dieter Rickert*, der seine Gesellschaft *Interconsilium* genannt hat. Er läßt sich als »König der Kopfjäger« feiern und behauptet, ausschließlich im absoluten Top-Bereich zu arbeiten. Für derartige Ansprüche hat die Branche nur ein mitleidiges Lächeln übrig, weil sie weit neben der Realität liegen.
Eine Top-Beratung definiert sich anders. Plaziert ein Berater ein Vorstandsmitglied, dann sucht dieser in der Regel mit Hilfe

desselben Headhunters auch seine Abteilungsdirektoren und gegebenenfalls wenden sich diese mit ihren Personalproblemen ebenfalls an denselben Berater. Würde also der Headhunter nur auf der Top-Ebene bleiben, hätte er ein sehr eingegrenztes Klientenumfeld. Dafür ist der deutsche Markt jedoch bei weitem zu eng. Deshalb sind die Honorare fast eines jeden Headhunters gestaffelt.

Denkbar wäre auch noch die Variante, daß der Klient durchaus gern bereit wäre, auch ein höheres Honorar zu zahlen, bekäme er nur den besten Kandidaten in der kürzesten Zeit. Dieses Argument erledigt sich durch einen einfachen Hinweis. Könnte der Klient zwischen zwei Headhuntern gleicher Qualität wählen, würde er demjenigen mit der geringeren Honorarforderung den Zuschlag geben.
Der Kandidat befindet sich immer in einer Wettbewerbssituation, in der keiner der Kandidaten identische Voraussetzungen aufweist. Es gibt niemals den besten Kandidaten, sowenig wie es den absoluten Traumjob gibt.

Auch im Headhunting bestimmt der Markt die Normalität. Er gleicht Preise an und sondert schlechte Qualität aus.
Keine der am Headhunting beteiligten Seiten sollte Illusionen über die beiden anderen Teilnehmer an diesem Geschäft hegen. Keiner kann jedoch ohne den anderen das Managementproblem lösen.

Headhunting als Team

5

Der Klient, der die Dienste eines Headhunters in Anspruch nimmt, und der Manager, der mit ihm zusammenarbeitet, sollten sich genau über die Situation der Beratungsgesellschaft informieren und dabei folgende Kriterien berücksichtigen:

- Ist der Headhunter ein Spezialist für bestimmte Branchen, oder arbeitet er in einem sehr breiten Spektrum?
- Verfügt er über eine starke nationale Verankerung oder über ein internationales Netzwerk?
- Konzentriert er sich auf seine persönlichen Kontakte, oder arbeitet er mit mehreren Kollegen in einem Büro bzw. einer Gesellschaft zusammen?
- Sind die **Researcher** im Büro angestellt, oder greift er auf externe MitarbeiterInnen zurück?
- Ist er erst kürzlich aus einer erfolgreichen Managementtätigkeit in dieses Metier gewechselt, oder ist er bereits sehr lange in diesem Geschäft tätig?

Nicht auf jede dieser Fragen wird der Klient oder der Kandidat eine zufriedenstellende Antwort finden, aber sie werden nützlich sein, ihren Partner in der Karriereentwicklung besser zu verstehen.

Headhunting ist eine ungemein individuelle Dienstleistung. Sie ist immer dann am effektivsten, wenn sich ein intensives Vertrauensverhältnis zwischen Berater und Klient herausbildet. Darum gibt es in dieser Branche auch immer noch zahlreiche Einzelkämpfer und einen häufigen Wechsel zwischen den Gesellschaften sowie immer wieder Abspaltungen kleinerer Gruppen von größeren Gesellschaften. Trotzdem dominieren die großen Personalberatungsgesellschaften in diesem Geschäft.

International sind nicht viel mehr als zehn Gesellschaften die Global Players, aber die Individualisierung dieses Beratungszweiges wird durch die starke Präsenz einzelner nationaler Gesellschaften auf den verschiedenen lokalen Märkten deutlich. Oft schieben sie sich zwischen den internationalen Gesellschaften auf vordere Umsatzränge.

Die internationalen Gesellschaften unterhalten in allen großen Industriestaaten Büros unter ihren eigenen Namen, teilweise auch mehrere. Kleinere nationale Gesellschaften gehen internationale Kooperationen ein, die ihnen die Abwicklung grenzüberschreitender Suchaufträge erleichtern. Das ist jedoch selten am Namen der Gesellschaft zu erkennen.

Die meisten der internationalen Gesellschaften haben ihren Ursprung in den USA. Im Schlepptau der amerikanischen Unternehmen verbreiteten sie sich über die industrialisierten Teile der Erde. Sie entwickelten die Systematik im Headhunting. Einige von ihnen versuchen den Eindruck zu erwecken, als würde sich ihr Verständnis im Headhunting von dem anderer Gesellschaften unterscheiden. Sie können dies jedoch kaum wirklich belegen. Anders als in der Unternehmensberatung unterscheidet sich das Headhunting nicht durch eigenständig entwickelte Managementmethoden. Headhunter beraten eben in Personal- und nicht in Geschäftsfragen. Kontakte, individuelles Gespür, gründliche Marktkenntnis, akribische Suche, Geschwindigkeit und professionelle Präsentation sind die Erfolgsfaktoren dieses Geschäfts. Nicht die angewendeten Methoden unterscheiden die Headhunter voneinander, sondern ihre individuellen Fähigkeiten in der Beratung und in der Suche.

Viele größere Gesellschaften unterhalten unter einem anderen Namen noch eine weitere Personalberatungsgesellschaft, die sich um das Anzeigengeschäft kümmert, also Führungskräfte nicht über das Headhunting, sondern über eine Zeitungsanzeige sucht. Mit dieser zweiten Gesellschaft wollen die Headhunter eine Vermengung mit ihrem Stammgeschäft vermeiden, damit ihr Ruf hochgehalten wird. Der Sinn der zweiten Gesellschaft besteht darin, sich das neben dem Headhunting mit demselben Klienten anfallende Geschäft der Suche auf einer niedrigeren Managementebene nicht entgehenzulassen. In der Tat ist das aber nur ein Nebengeschäft. Der Anteil am Gesamtumsatz ist gering.

Darwin ist wahrscheinlich ein besserer Leitfaden für den geschäftlichen Wettbewerb als die ganze Wirtschaftswissenschaft.
Bruce Henderson

Es ist deshalb auch kaum möglich, die größeren Organisationen in ihrer inhaltlichen Ausrichtung oder gar ihrer Qualität zu unterscheiden. Fast in jeder der großen Headhuntingorganisationen finden sich ein oder mehrere herausragende Berater. Die Mehrheit sind jedoch Mittelmaß oder noch jüngere Berater, die erst mit zunehmender Erfahrung und Erweiterung des persönlichen Kontaktnetzes zeigen können, was in ihnen steckt.

Schwerpunkte in der Suche lassen sich mehr bei den nationalen Beratungsgesellschaften oder bei den Einzelbüros, in denen ein oder zwei Headhunter zusammenarbeiten, erkennen. Dort konzentriert sich der Berater häufig auf bestimmte Bereiche, z. B. branchenmäßig auf Konsumgüterindustrie oder den Financial Services oder funktionsmäßig beispielsweise auf die Datenverarbeitung oder den Vertrieb.
Die multinationalen Gesellschaften haben zwar einen Markennamen, weisen jedoch untereinander kaum echte inhaltliche Unterscheidungsmerkmale auf. Ihr Vorteil für den Klienten besteht darin, in vielen Ländern mit einer Organisation zusammenarbeiten zu können. Für die Headhunter, die Partner in die-

sen großen Organisationen sind, ist es äußerst lukrativ, mit jüngeren Beratern in einem Büro zusammenzuarbeiten, denn sie partizipieren von deren Umsätzen (Kundenbeziehungen) und deren Erträgen (Gewinnanteile).
Gesellschaften, die vorwiegend national ausgerichtet sind, oder gar Büros mit nur ein oder zwei Headhuntern, verfügen zumeist über sehr unmittelbare Kontakte zu einem Klientenfeld aus ihrer vorhergehenden beruflichen Tätigkeit. Das bringt einen erheblichen Gewinn für beide Seiten mit sich, weil man sich sehr gut kennt und so Anlaufzeit spart.
Größere nationale oder internationale Beratungsgesellschaften tauschen die Informationen über Suchaufträge regelmäßig untereinander aus. Das hat für den Klienten den Vorteil, daß die Erfahrung aller Berater zu diesem Auftrag herangezogen wird. Ein Nachteil kann dieses Verfahren sein, wenn der Klient höchste Diskretion wünscht. Jeder Berater wird ihm dies zusichern, die Realität in den großen Gesellschaften sieht jedoch oft anders aus. **Will der Klient die Informationen über den Auftrag nur auf einen einzigen Headhunter beschränken, kann daher die Zusammenarbeit mit einer kleinen Headhuntingorganisation sinnvoll sein.**

Jeder kann sich eine Sekretärin nehmen, ein Büro eröffnen und sich als Berater bezeichnen. Zwar versuchen Berufsverbände dagegen schon seit Jahren den Gesetzgeber zu mobilisieren, doch zum Glück bisher erfolglos. Deutschland ist schon jetzt mit Regulierungen so sehr überladen, daß weitere die Wirksamkeit des Marktes nur noch mehr beeinträchtigen würden.
Wenn bei mehreren Anrufen im Büro eines Headhunters nur der Anrufbeantworter eingeschaltet ist, dann sollte der Klient ausgesprochen vorsichtig sein. Es wird sich wahrscheinlich um ein solches Minibüro handeln.
Die Standardausrüstung eines Headhunterbüros besteht aus einer Sekretärin und einem oder zwei Researchern. Größere Büros setzen Researcher zur Unterstützung des Headhunters ein, die später einmal aber den Status eines Beraters erhalten können.

(Headhunter und Researcher werden als geschlechtsneutrale Begriffe verwendet. Des weiteren siehe auch Kap. 15: Hinweise zu Karrieremöglichkeiten von Frauen als Berater und Researcher in Headhuntingorganisationen.)

Es gibt in der Regel drei Hierarchieebenen:
Der Berater, der Partner und gegebenenfalls der **Officemanager**. In größeren Organisationen erhalten die jüngeren Berater nach zwei oder drei Jahren den Titel eines **Principals** oder einen verwandten Begriff, und nach vier bis sechs Jahren können sie die Partnerschaft erwerben. Am Beginn der Karriere eines Headhunters, zumal wenn er mit relativ wenig eigener Berufserfahrung in dieses Metier wechselt, wird der Partner mit dem jüngeren Kollegen eng zusammenarbeiten, um ihn auf die Übernahme eigener Suchaufgaben vorzubereiten. In größeren Partnerschaften können bei umfassenden Suchaufträgen auch mehrere Berater zusammen an einem Projekt tätig sein.
Innerhalb einer Partnerschaft können die Stimmrechte unterschiedlich verteilt sein. Keine größere Organisation kommt jedoch ohne Partnerschaft aus. Die Ursache dafür liegt in der Spezifität des Metiers. Nachdem ein Berater feste Klientenbeziehungen aufgebaut hat, ist der Klient zumeist nicht auf die Gesellschaft, sondern auf die Person des Beraters focussiert. Bei einem Wechsel des Beraters zu einer anderen Gesellschaft hält ein großer Teil der Klienten seine Geschäftsbeziehungen weiter zu diesem speziellen Berater aufrecht und nicht zu seiner bisherigen Gesellschaft. Diese große Individualität des Geschäfts bringt dann auch ständige Abspaltungen von größeren Organisationen mit sich.
Selten wechseln Hochschulabsolventen mit Prädikatsexamen oder Absolventen mit einem MBA direkt in eine Personalberatung. Viele der heute bekannten Headhunter kommen aus anderen beratenden Berufen, manchmal auch aus der unmittelbaren Personalarbeit größerer Unternehmen, idealerweise aber aus Linienfunktionen möglichst mit Geschäftsführungserfahrung.

Nahezu alle der führenden Headhuntingorganisationen in Deutschland haben sich in einem Verband, der Vereinigung Deutscher Executive-Search-Berater (VDESB), zusammengeschlossen. Sie verpflichten sich zur Einhaltung verschiedener Geschäftsprinzipien, darunter auch, nicht für Erfolgshonorar zu arbeiten. Das Ziel des Verbands besteht in einem regelmäßigen Austausch über die Marktentwicklung und der Abgrenzung gegenüber anderen Headhuntern, um so den Klienten mehr Sicherheit in der Auswahl zu geben.
Der VDESB hat in seinen Grundsätzen fünf markante Verstöße eines Headhunters gegen die professionelle Direktansprache und die Berufsethik zusammengestellt.

Beziehungen zwischen Klient und Berater

Die häufigsten Verstöße gegen die sehr klaren Berufsgrundsätze des VDESB sind die folgenden:

1. daß ein Personalberater nicht auf seiner ausschließlichen Beauftragung durch ein Klientunternehmen besteht;

2. daß ein Personalberater für seine Dienstleistung ein Erfolgshonorar akzeptiert anstelle eines Fest- oder Zeithonorars;

3. daß ein Personalberater ohne Auftrag und ohne den potentiellen Kandidaten zu informieren mit den Unterlagen dieses Kandidaten bei potentiellen Klienten »hausieren geht«;

4. daß ein professioneller Executive-Search-Berater Aufträge zur Vermittlung Arbeitssuchender oder Outplacements übernimmt;

5. daß ein Personalberater gegenüber den Medien Namen von Klienten und erfolgreich plazierten Kandidaten preisgibt.

Ein großer Teil der Kosten, nämlich die Reisekosten und teilweise auch die Kommunikations- und Recherchekosten werden auf den Kunden übertragen. Aus den Honorareinnahmen müssen der Unterhalt des Büros und die Gehälter aufgebracht werden. Alles andere ist Einkommen des Headhunters bzw. der Partner, welches in diesem Fall nach einem bestimmten Schlüssel verteilt wird. Die Einkommensmöglichkeiten sind im Headhunting erheblich. Dieser Verteilungsmodus ist dann auch der häufigste Grund, warum Partner größere Organisationen verlassen und eigene Büros gründen.
Ein guter Headhunter wickelt 15 bis 20 Aufträge im Jahr ab und kann pro Auftrag ein Durchschnittshonorar von DM 80 000 erzielen. Davon müssen dann bestenfalls DM 500 000 als Kosten abgezogen werden. So liegt das Einkommen der erfolgreichen Headhunter durchaus im oberen Bereich derjenigen Manager, die sie plazieren können.
Der Arbeitsaufwand dafür ist jedoch zumeist enorm. Ein Headhunter ist ständig im Dienst. Er erlebt kaum eine Woche ohne Flugzeugreisen, Mietwagen, Hotelübernachtungen und stundenlangen Telefonaten. So viele Zeitungen und Magazine zu lesen, wie die Reisen Zeit bieten, ist ein absolutes Muß. Er hat sich permanent auf unterschiedliche Persönlichkeiten, seien es Klienten oder Kandidaten, einzustellen. Stets muß er seine eigene Persönlichkeit in den Hintergrund treten lassen.
Die Wahrnehmung zahlreicher gesellschaftlicher Veranstaltungen dient zuerst der Kontaktpflege und nicht der Freizeit. Das gilt auch an den Wochenenden, an denen entweder viele Kandidaten angerufen werden müssen, weil sie wochentags nicht erreichbar waren, oder es wird der Headhunter angerufen, weil er um Rückruf gebeten hat und dafür aus Zeitgründen eben auch das Wochenende zur Verfügung stellen muß. Und vor allem: Immer beherrscht bleiben . . .
Kein Wunder, daß Headhunter oft als Persönlichkeiten gelten, die es mit »allen können«. Weltgewandt, fachlich universell, exzellente Umgangsformen und insgesamt doch recht »glatt«. Die markanten und daher unterscheidbaren Persönlichkeiten sind in dieser Branche selten geworden. Es gibt zu viele Head-

hunter, die sich mit einem bestimmten Typ von Bankvorständen identifizieren. Sie treten galant auf, sind nicht gut vorbereitet und geben Worthülsen von sich. Sie wissen eigentlich nicht, was eine Dienstleistung ist. Auf die Dauer eliminiert der Markt derartige Persönlichkeiten, aber er läßt auch immer wieder ihr Entstehen zu.

In modernen Headhuntingbüros nehmen die Researcher eine Schlüsselrolle ein. Sie werden immer dann benötigt, wenn der Kreis der potentiellen Kandidaten so groß ist, daß er dem Headhunter persönlich gar nicht bekannt sein kann. Dann muß ein **Research** durchgeführt werden. Das trifft auf die überwiegende Mehrheit der Aufträge zu. Die Researcher benötigen viel Einfühlungsvermögen und Geduld bei der Suche. Oft erleben sie rüde Abweisungen und haben zahlreiche Sackgassen zu ertragen. Ein fundiertes Wissen über betriebswirtschaftliche Zusammenhänge und das Personengeflecht der deutschen Wirtschaft ist dafür Voraussetzung. Fast immer basiert dieses auf einer akademischen Ausbildung. Viele Researcher qualifizieren sich während ihrer Tätigkeit zum Berater.

Immer öfter wird diese Tätigkeit auch freiberuflich ausgeübt, vor allem deshalb, weil viele Headhunter Spitzenbelastungen im Research ausgleichen müssen. Teilweise sind diese externen Mitarbeiter jedoch auch Spezialisten für verschiedene Branchen und arbeiten deshalb auch für mehrere Headhuntingbüros. Selten bleiben sie jedoch auch noch nach dem ersten Kontakt weiterhin in den Suchprozeß eingebunden.

Der seriöse Headhunter muß eine Top-Sekretärin beschäftigen. Da sie telefonischen und persönlichen Kontakt mit Vorständen und Aufsichtsräten hat, muß sie sich in dieser Welt auskennen und wissen, wie man sich darin zu bewegen hat. Außerdem ist sie nicht nur für die Koordinierung der Termine des Headhunters und seiner umfangreichen Reisen zuständig, sondern auch für die Reisen der Kandidaten. Das bringt die Notwendigkeit mit sich, über ein hohes Organisationsgeschick zu verfügen. Daraus resultiert dann auch ein Top-Gehalt.

Eine Einrichtung des Headhunters ist besonders geheimnisumwittert: seine Datenbank oder seine persönliche Kartei. Jeder karrierebewußte Manager hofft, in einer solchen Datei vertreten zu sein. Etliche der an die absolute Spitze gelangten Manager distanzieren sich aber auch von solchen Dateien.
Es ist heute fast unumgänglich geworden, daß größere Headhuntinggesellschaften umfangreiche Datenbanken aufbauen. In diese geben sie die für sie relevanten Personalinformationen nach Auswertung der öffentlich zugänglichen Quellen ein. Damit verfügen sie über eine qualifizierte Ausgangsbasis zukünftiger Suchaufträge. Eine Datenbank erspart jedoch keinesfalls das umfangreiche Research. Sie liefert nicht mehr als solide Ausgangsdaten.
Deshalb kann es tatsächlich für die Karriere recht hilfreich sein, in der Datenbank von einigen der führenden Gesellschaften vertreten zu sein.
Mit jeder derartigen Datenbank kommt die Frage des Datenschutzes auf. Zwar speichern die Headhunter nur diejenigen Daten, die ihnen die Manager selber übermitteln oder die sie aus Publikationen erfahren haben, aber jeder Manager erhält auch eine Einschätzung vom Headhunter. Das können Hinweise zu seinem individuellen Verhalten und zu seiner Managementleistung sein oder auch eine kurze interne Einstufung.
In der Tat übernimmt der Headhunter damit eine Verantwortung. Kaum ein Manager wird jemals die Speicherung seiner Daten ablehnen, aber er wäre wohl wenig erfreut, wenn persönliche Bemerkungen des Headhunters an die Öffentlichkeit dringen würden.
Einige Headhunter arbeiten nach wie vor hauptsächlich mit ihrer persönlichen Kartei, die sie im Laufe ihrer langen Erfahrungen zusammengestellt haben. Eigentlich suchen sie gar nicht mehr richtig. Zumeist verfügen sie auch über einen einigermaßen festen Klientenstamm. Nicht immer entgehen sie der Neigung, relativ schnell Aufträge dadurch abzuschließen, daß sie die ihnen gut bekannten Manager immer wieder anderen Klienten »andienen«. Das Headhunting verkommt dann zum »Managerverschiebebahnhof«. Der Markt wirkt darauf

zwar regulierend, doch die Verlockung des schnellen Geldes ist so groß, daß derartige Vorgehensweisen immer wieder auftreten werden.
Eine andere wichtige Datei oder besser gesagt, Liste, ist die sogenannte **No-Touch-** oder **Black-List**. Darin erfassen die Headhunter all jene Unternehmen, die bei ihnen Klient sind oder es erst vor einer überschaubaren Zeit waren. In großen Gesellschaften sind diese Listen ungemein wichtig, weil damit jeder Berater erkennen kann, welcher andere Berater für welches Unternehmen arbeitet. In diesen Unternehmen darf er dann nicht suchen. Sie sind gesperrt für die anderen Berater. Große Unternehmen, die sich vor Abwerbungen schützen wollen, nutzen diesen Umstand aus. Sie beschäftigen gelegentlich fast alle der renommierten Headhuntinggesellschaften, um wenigsten diese vom Suchen bei ihnen abzuhalten. Das ist dann die Chance für die kleineren Gesellschaften. Allerdings lassen sich viele Headhunter, die von Großunternehmen nur einzelne Aufträge erhalten, nicht auf eine Sperre für das Gesamtunternehmen ein. Sie akzeptieren diese nur für das Teilunternehmen, für das sie tätig sind.

Headhunter haben ihr »Büro« rund um die Uhr geöffnet. Die großen Headhuntingorganisationen dominieren in diesem Geschäft. Kleinere nationale Beratungsgesellschaften besetzen jedoch sehr lukrative Teilbereiche.

Nebenstehend: Beispiel für eine Klientenschutzliste oder No-Touch-List oder Black-List ist der Auszug vom 01. 01.–30. 09. 1995 von Ward Howell. (Beispiel: DU-RD heißt: Büro Düsseldorf, Partner Rolf Dahlems.)

Beispiel einer No-Touch-List

Client Company	Offices/Partners that have originated or handled searches for these clients
3M Deutschland GmbH	DU-JEL
Abbott Laboratories	USA-LPP-CH/SP-PEV/MX-MAI
Abloy Security Ltd.	SY-KJB
ABN Amro Leasing	AH-VS
Adelaide Chemical Company	ME-JOM
Aetna Life and Casualty Co.	USA-EHR-GR
African Oxygen Limited	JO-PMM
Ahlers Herford Inc.	USA-REN-NY/SL-GW
Akzo Chemicals Ltd.	SY-KJB
Alberto-Culver Co.	USA-JTT-CH
Alcatel Canada Wire Inc.	TR-DJR/USA-LDP-CH
Aldrich Japan Inc.	TK-YT
AL-KO Kober AG	MU-PL/UK-SGR/PS-DV
Allianz AG Holding	MU-HTJ/PS-DV/PS-BR
Amerada Hess Co.	USA-EHR-GR/USA-DW-HO
American Business Products	USA-WRR-AT
American Express Co.	USA-EHR-GR/HK-JS/HK-AA
American Home Products Co.	USA-PDV-GR/TK-TF
Ampco Inc.	USA-JMB-GR
Amylum N.V.	BR-LJH/ZU-HE
Ancora SA Industria	SP-AED
Andersen Consulting	USA-LDP-CH/DU-HJE/PS-DV
ANZ Banking Group Ltd.	ME-VNS
ANZ Funds Management Ltd.	ME-VNS
ANZ McChaughan Ltd.	ME-VNS
APM Packaging	ME-VNS/ME-PIR
APV	CO-OCJ/DU-RD
Arthur Andersen	UK-J-S
Atea N.V.	BR-LJH
At&T Capital Canada Inc.	TR-DJR
Australia and New Zealand Banking Group	ME-VNS
Auto Suture Espana S.A.	MA-AF
Avco Financial Services	SY-KJB/USA-CSB-AT/TR-SLR
Avery Dennison	AM-CGB
AW/Saatchi & Saatchi	CA-DP/CA-TB
A. T. Kearny	DU-RD
Babcock Africa Ltd.	JO-PMM
Bank of Lisbon	JO-PMM
Bank of Nova Scotia	AH-VS
Bankers Trust Company	UK-J-S/PS-BR
Banque National de Paris	ZU-HE
Basin-Robbins International	USA-FJC-EN
Basler Versicherungs-Ges.	MU-PL
Bayer de Venezuela	CA-TB/CA-WR/CA-RMT

Entwicklungstrends im Headhunting

Zehn Trends werden das Headhunting in den nächsten Jahren bestimmen:

1. Die Suche nach Aufsichts- und Beiräten verstärkt sich.
2. Das Management in Deutschland internationalisiert sich auch über den Top-Bereich hinaus.
3. Manager wechseln häufiger die Unternehmen und die Branche.
4. Der Non-Profit-Bereich öffnet sich weiter.
5. Frauen erringen einen größeren Anteil im Management.
6. Das Zeitmanagement setzt sich in den Unternehmen durch.
7. Managementaudits entwickeln sich zu einem regelmäßigen Führungsinstrument.
8. Berater und Kandidaten erkennen die Möglichkeiten der Online-Dienste.
9. Die Dienstleistungsbranche wird zwar weiter expandieren, die Industrie jedoch das Rückgrat der Wirtschaft bleiben.
10. Berater und Unternehmen werden die Elemente der anteiligen Erfolgshonorierung stärker ausbauen.

Wie akquirieren Headhunter? 6

In der Regel ist die Akquisition von Dienstleistungen deutlich schwieriger als die für Produkte.
Produkte sind etwas Körperliches, man kann sie vorzeigen, anfassen und abbilden. Dienstleistungen sind Tätigkeitsprozesse. Erst infolge der Durchführung eines konkreten und stets individuellen Ablaufs wird ihr Ergebnis sichtbar und kann deshalb auch beurteilt werden. Der Kauf einer Dienstleistung hat viel damit zu tun, den Kunden vorher zu überzeugen, daß der Dienstleister eine bessere Leistung als andere Konkurrenten erbringen kann. Bestätigt sich dies am Markt, kann er einen höheren Preis als seine Wettbewerber durchsetzen.
Die Kunst der Akquisition besteht darin, genau dieses Gefühl bei einem potentiellen Klienten zu erzeugen, praktisch besser aufgehoben zu sein, als bei allen anderen Wettbewerbern.
Für die Erlangung eines Auftrags, dem **Assignment**, sind drei Faktoren entscheidend:

- **Kommunikation:** Dazu gehört seine eigene Persönlichkeit, sodann Selbstdarstellungen der Beratungsgesellschaft und auch nachweisbare Erfolge.
- **Image:** Das ist in der Regel zuerst der Ruf seiner Beratungsgesellschaft und dann das persönliche Renommee, welches er im Markt und in der Gesellschaft genießt.
- **Empfehlungen:** Das sind immer Referenzen, welche sich aus dem umfangreichen Netzwerk der Gesellschaft und des Headhunters ergeben.

Die häufig verwendete Methode der sogenannten **»Kaltakquise«**, also Briefeschreiben, Broschüren versenden oder sich telefonisch anzupreisen, führt erfahrungsgemäß in den seltensten Fällen zu einem Auftrag. Das Versenden von Informationsmaterialien macht nur bei einem Verteiler Sinn, der auf bereits bestehenden Kontakten basiert.

Die Ursache dafür ist leicht zu erklären. In der Spitzengruppe der Headhunter Deutschlands befinden sich sicherlich wenigstens ein Dutzend Gesellschaften, die zusammen ca. einhundert Berater ins Rennen schicken. Sie alle haben prinzipiell die Fähigkeit bewiesen, Vakanzen im Management auf der ersten und der zweiten Ebene zu besetzen.

Unterhalb dieser Elite tummeln sich in zumeist kleineren Beratungen schätzungsweise bis zu 2000 weitere Personen, die als Headhunter oder Personalberater agieren.

Das bedeutet, daß die Geschäftsleitungen und die Personalabteilungen vieler Unternehmen mit Materialien überschüttet werden. Erfolg bringen in diesem Geschäft nur die »sozialen Brücken«.

Die Headhunter gehen dabei sehr subtile Wege.

Zuerst werden die vorhandenen Beziehungen aus der früheren beruflichen Tätigkeit benutzt. Das Wichtigste ist dann jedoch das »Schwimmen« in der Gesellschaft. Dazu gehören Rotary- und Lions-Clubs genauso wie Golf-Clubs oder Wirtschaftsvereinigungen, auch gesellschaftliche Veranstaltungen wie der Wiener Opernball oder Kongresse wie das Wirtschaftsforum in Davos, aber ebenso Messetagungen bzw. Firmenpräsentationen und alles andere, wo man sich zeigen kann und gesehen wird. Der Headhunter versucht nicht nur erste Klasse zu fliegen, sondern auch sonst in Hotels und in der Freizeit die Plätze aufzusuchen, auf denen sich die Einflußreichen und die Reichen der Wirtschaft tummeln. Es kommt darauf an, durch eine persönlichen Aktivität potentiellen Klienten so aufzufallen, daß die genuine Absicht dabei nicht deutlich wird.

> **Ich höre immer auf meine Berater.
> Stimmt deren Meinung mit meiner überein,
> wird ihre Ansicht verwirklicht,
> ansonsten meine.**
> *Unbekannt*

Über die Interviews von zahlreichen Kandidaten und die Einholung von Referenzen bei vielen Referenzgebern sowie das Ansprechen von Quellen zur Empfehlung von Kandidaten werden ebenso umfangreich akquisitorische Möglichkeiten erschlossen. Bereits mit diesen Aktivitäten erhalten etliche Headhunter einen erheblichen Bekanntheitsgrad. Dieser wird dann durch verschiedene PR-Aktivitäten ausgebaut. Etliche Headhuntingorganisationen erstellen in unregelmäßigen Abständen eigene Informationsbroschüren, laden Journalisten zu Gesprächen ein, lancieren für sie günstige Nachrichten in der Presse oder führen zusammen mit Zeitschriften breitangelegte Umfragen oder andere Aktivitäten durch. Beliebt sind auch Einladungen zu Gesprächen mit prominenten Persönlichkeiten, zu Golfturnieren oder zu Kunstpräsentationen. Überhaupt verbreitet die Kunst eine ständige Aura, und ethische Belange stehen auch im Zusammenhang mit diesen Bemühungen immer hoch im Kurs.
Der Headhunter konkurriert dabei mit anderen Dienstleistern: mit den Rechtsanwälten, die verstärkt sich auch in der Öffentlichkeit darstellen, mit den Wirtschaftsprüfern und den Steuerberatern, die auch immer wieder neue gesellschaftliche Kontakte zur Geschäftsanbahnung suchen, mit den PR-Agenturen, die eine ähnliche Klientel wie die Headhunter haben, mit den Bankern, die inzwischen unter einem enormen Wettbewerbsdruck stehen, und nicht zuletzt mit den Maklern jeder Art. Die Konkurrenz um die begehrten Geschäftskontakte auf der gesellschaftlichen Bühne kann dabei schon manchmal in Gerangel ausarten. Einige Headhunter gebärden sich mehr als Schauspieler denn als Geschäftsperson. Prominente Persönlichkeiten aus der Wirtschaft, der Politik oder dem Showbusineß werden

zu Symposien oder zu Empfängen eingeladen, um die Offenheit der Beratungsgesellschaft zu demonstrieren. *Egon Zehnder International* lädt zu einem Jahresempfang mit dem Gipfelstürmer *Reinhold Messner* ein, *Amrop Mülder & Partner* erarbeitet sich caritative Erfahrungen in einer Bosnien-Hilfe, *Korn Ferry* schmückt die Eröffnung ihres Düsseldorfer Büros mit Deutschlands bekanntestem Fallschirmspringer *Jürgen W. Möllemann* usw. ...

Eigentlich soll damit Klienten nur imponiert werden. Der Headhunter orientiert sich an den Aktivitäten der gesellschaftlichen Oberschicht, das hat aber mit seinem »Brot- und Buttergeschäft« gar nichts zu tun.

Einer der bekanntesten und erfolgreichsten schweizer Headhunter, *Dr. Björn Johannson*, gibt an, nur ab einem Mindesthonorar von sFr 120 000 zu arbeiten. Verifizieren läßt sich diese Aussage durch Außenstehende natürlich nicht.
All diese Aktivitäten und Verhaltensweisen würden jedoch zu nichts führen, wenn nicht die Qualität der eigenen Dienstleistung weitere Empfehlungen nach sich zieht. Bei den guten Headhuntern stammen die meisten neuen Aufträge von Empfehlungen zufriedener früherer Kunden und vor allem auch plazierter Kandidaten. Zwischen manchen Klienten und dem Headhunter entwickeln sich langjährige Vertrauensbeziehungen.
Nicht jede dieser Akqusitionsmethoden muß zu jedem Headhunter passen. Einige lassen kein Presseinterview aus, und bei jedem Empfang sieht man sie im Kreis mit bekannten Persönlichkeiten aus Wirtschaft und Politik zusammenstehen. Andere agieren dagegen lieber im stillen, aber nicht weniger erfolgreich, weil ihre Klienten den persönlichen Bezug und die intime Beratung vorziehen.
Insgesamt muß der Headhunter jedoch auf vielen »Hochzeiten« tanzen. Er kommt nicht umhin, immer wieder neue Persönlichkeiten kennenlernen zu müssen. So entsteht über Jahre ein Beziehungsgeflecht, das permanent gepflegt und ausgebaut wird. Daraus identifiziert er dann seine potentiellen Klienten, die **client prospects**.
Hat der Headhunter die erste Hürde, den persönlichen Kontakt überwunden, dann folgt der übliche Weg über eine Präsentation. Diese erfolgt zumeist mündlich im Unternehmen. Wenn er Pech hat, dann lädt der potentielle Klient mehrere Gesellschaften zur Präsentation, dem **shoot-out**, ein.
Wie bei jeder Auswahl von Dienstleistungen steht auch hier neben den objektiven Kriterien (Erfahrung in einer bestimmten Branche und in bestimmten Funktionsbereichen sowie auf verschiedenen Managementebenen oder die Bekanntschaft bzw. der Kontakt mit herausragenden Managern und Unternehmern) die Persönlichkeit des präsentierenden Beraters im Mittelpunkt. Wenn alle objektiven Kriterien erfüllt sind, wird die Persönlichkeit »aus dem Bauch heraus« ausgesucht.

Zum Netzwerk des Headhunters gehören selbstverständlich auch die plazierten Kandidaten. Oft begleitet sie ein und derselbe Headhunter über etliche Karrierestufen. Je höher sie in der Hierarchie aufsteigen, desto größer sind dann die Chancen für den Headhunter, Suchaufträge von ihnen zu erhalten. Oft entwickelt sich daraus eine enge persönliche Beziehung zwischen Headhunter und plaziertem Kandidaten. Andere Headhuntinggesellschaften werden deshalb von diesem gar nicht mehr angesprochen und auch über Honorare wird nur noch salomonisch diskutiert. Wird jedoch die Karriere des Managers in diesem Unternehmen unterbrochen, fühlt sich der Headhunter verpflichtet, »seinen« Kandidaten bei einem anderen Unternehmen als den geeignetesten Kandidaten erneut – und oft auch erfolgreich – zu präsentieren. Natürlich leidet darunter die Qualität des Headhuntings, aber dieses Geflecht sollte nicht unterschätzt werden.
Immer wieder werden für eine solche Vorgehensweise intern dieselben Headhunter genannt. Das Geschäft verleitet aber wohl irgendwann einmal jeden Berater. Peinlich ist es jedoch, wenn massive geschäftliche Verknüpfungen an die Öffentlichkeit dringen.
So hat *Heiner Thorborg* von der gleichnamigen Gesellschaft den Frankfurter SPD-Politiker *Andreas von Schoeler* (bis 1982 in der FDP und Parlamentarischer Staatssekretär in der Regierung von *Helmut Schmidt*) 1988 als Leiter der Abteilung Unternehmenskommunikation zu *Sony* gebracht. Darauf soll sich *Schoeler* dann in seiner Amtszeit als Frankfurter Oberbürgermeister von 1991 bis 1995 mit etlichen Headhuntingaufträgen bzw. Vermittlungen in stadtnahen Unternehmen erkenntlich gezeigt haben. Nach *Schoelers* Abwahl hat sich *Thorborg* dann weiter für diesen eingesetzt.

Ein besonderes Akquisitionsinstrument beginnt sich erst jetzt zu entwickeln, und wohl nur die jüngeren Berater unter den Headhuntern werden es so richtig zu nutzen wissen. Datennetze werden die Headhuntinglandschaft zwar nicht über Nacht verändern, aber sie werden ein neues Moment in sie hineinbringen. Auch das Headhunting wird durch die neuen elektronischen Medien beeinflußt werden. **Bereits jetzt werden über das Internet-System Jobbörsen angeboten.** Kandidaten offenbaren sich und erweitern damit die Suche für die Headhunter. Denkbar ist auch, daß über Datennetze Kandidaten gesucht werden. Später werden vielleicht auch Klienten ihre Angebote für eine Suche über ein Datennetz ausschreiben. Einige Headhuntinggesellschaften sind bereits im **Internet** vertreten.

Fast alle Headhunter verpflichten sich zu einer erneuten kostenlosen Suche, wenn der Kandidat innerhalb der ersten sechs Monate das Unternehmen wieder verlassen sollte. Dies aber nur, wenn die Ursache dafür beim Kandidaten liegt. Darüber können mit dem Klienten durchaus Meinungsverschiedenheiten auftreten. Sollte der Headhunter nicht die Sicht des Klienten teilen, wird er von diesem keinen weiteren Auftrag mehr erhalten. Das ist für ihn auch nicht tragisch, denn mit einem derartigen Klienten könnte er sowieso nicht gedeihlich zusammenarbeiten. Liegt die Ursache jedoch eindeutig auf seiten des Kandidaten, dann ist der Headhunter erneut gefordert. Bei einem Klienten mit hoher Reputation in der Wirtschaft kann das bis hin zur Rückzahlung des Honorars gehen.
So hatte *Egon Zehnder International* den Geschäftsführer der *Visco Suisse*, einer Tochter des Chemiegiganten *Rhone-Poulenc*, plaziert. Als sich kurz darauf nach einer anonymen Anzeige aus dem Unternehmen herausstellte, daß dieser falsche Angaben über sein Chemiediplom gemacht hatte, mußte er das Unternehmen verlassen. Um nicht weltweit auf die schwarze Liste von *Rhone-Poulenc* zu geraten, soll der Headhunter, obgleich ihm kein Verschulden nachzuweisen war, – so munkelt man – tief ins Portemonnaie gegriffen haben.
Haftungsfragen sind also als Akquisitionsinstrument nicht zu unterschätzen. Manche Headhunter bauen derartige Klauseln jedoch erst nach ausdrücklicher Bitte des Klienten ein, die seriösen unter ihnen, weil sie sowieso nie Probleme haben.
Kein Headhunter ist jedoch davor gefeit, gegenüber dem Klienten auch einmal falsch zu reagieren. Die mögliche Überheblich-

keit des Headhunters bei Auseinandersetzungen um eine nicht gelungene Suche tritt vor allem dann auf, wenn Berater sehr lange im Geschäft sind. Sie haben schon so viele Geschäftssituationen und Manager erlebt, daß sie häufig meinen, den Job des Klienten eigentlich selber viel besser machen zu können. Diese Arroganz ist dann eine »deformation professionelle«.

Das wichtigste Akquisitionsinstrument für den Headhunter ist der Aufbau eines umfangreichen persönlichen Netzwerkes. Im Falle gleicher Qualität der präsentierten Leistung entscheidet die persönliche Affinität über die Vergabe des Auftrages.

Was kostet ein Headhunter? 7

Der Headhunter ist ein Geschäftsmann, kein idealistischer Menschenfreund. Diese Aussage ist eigentlich banal, doch sie wird in diesem Geschäft häufig genug vergessen.

Die wichtigsten **Assets** eines Headhunters sind seine Kontakte und seine Zeit. Auch für ihn gilt, daß der Gewinn die Differenz zwischen Ertrag und Aufwand ist. Es gilt die Regel: Je höher die Position angesiedelt ist und damit auch das Einkommen, desto höher auch das Honorar. Je niedriger die anfallenden Kosten (Research, Spesen, Reisekosten) sind, desto höher ist der Gewinn für den Headhunter.

Zur Steigerung seines Gewinns verfügt er über zwei Möglichkeiten. Zum einen durch die Akquisition zusätzlicher Aufträge bei geringerer Steigerung seiner Kosten. Zum anderen durch die Akquisition zusätzlicher Aufträge im oberen Managementbereich. Letzteres hängt von seiner Positionierung im Markt ab, wird aber auch erheblich von Zufällen (plötzliches Ausscheiden von Vorständen) beeinflußt. Die Höhe der zu besetzenden Position ist zuerst ein Akquisitionsproblem. Auf der oberen Ebene werden Headhunter nur dann erfolgreich arbeiten, wenn sie auf dem Niveau ihrer Auftraggeber und der Kandidaten glaubwürdig agieren können. Die Steigerung seiner Aufträge innerhalb eines Jahres wird vor allem durch seinen Zeitfonds begrenzt. Ist er mit den vorhandenen Aufträgen weitgehend ausgelastet oder sein Zeitaufwand pro Auftrag sowieso schon relativ hoch, kann er keine zusätzlichen Aufträge mehr annehmen. Deshalb versucht jeder Headhunter latent, den Zeitaufwand zu senken.

Das führt dazu, daß er extrem daran interessiert ist, mit nur so wenig Kandidaten wie möglich zu arbeiten und am besten den Suchauftrag mit nur einer einzigen Präsentation beim Klienten abzuschließen.
Darum lautet auch ein Insider-Spruch:
Drei interviewt – zwei vorgestellt – einer eingestellt.
Dieses Ideal ist leider nur selten realisierbar. Der Headhunter kommt dem jedoch nahe, wenn er einen ausgesprochen qualifizierten Research durchführt. Die im Vorfeld vorgenommenen Telefongespräche müssen die Stärken und Schwächen der Kandidaten bereits weitgehend aufdecken. So müssen beispielsweise alle **No-Nos** wie nicht passendes Einkommen, mangelnde Mobilität, Brüche in der Karriere oder eine unstabile Persönlichkeit weitgehend analysiert werden. Nur wenige Researchgespräche kann der Headhunter dabei selber führen. Die Researcher müssen deshalb gut ausgebildet sein, unternehmerisch denken können, über Kommunikationsstärke verfügen und viel Fingerspitzengefühl entwickeln. Exzellente Researcher haben deshalb auch ihren Preis.
Die Sekretärin des Headhunters ist eigentlich eine Assistentin. Sie ist für die optimale Zeitplanung des Büros verantwortlich. Sie muß die Namen aller Klienten und Kandidaten richtig einordnen können. Ihr berufliches Niveau muß wenigstens dem einer Top-Chefsekretärin entsprechen. Sekretärinnen arbeiten in dieser Branche eigentlich wie Assistenten einer Geschäftsleitung.
Für den Headhunter wäre das Unterlassen jeglicher Kommunikation am ökonomischsten. Er müßte nicht seine Zeit zum Telefonieren einsetzen, bräuchte keine Zwischenberichte zu schreiben und würde sich nur auf die unmittelbare Arbeit mit dem Klienten und den Kandidaten kümmern.
Diese Zeitmaximierung ist natürlich illusorisch. Die kurzfristige Betrachtung der Zusammenarbeit mit einem Klienten muß der Headhunter innerhalb einer langfristigen Gewinnmaximierung sehen. Damit können durchaus auch kurzfristige Nachteile verbunden sein. Dutzende von Kandidaten werden vom Headhunter interviewt, ohne unmittelbaren Bezug zu einem aktuellen Suchauftrag.

Auszug aus einer Assignment-Liste von Ward Howell

Originating P	Originating O	%	Client Company	Position Title	WHI Fee	Start Date	End Date	End CD	Handling P	Handling O	%
BJB	AM	20	Centramin	General Representative Germany	25.000	26.03.92	15.11.93	Abeyance	AG	DU	80
AG	DU	0	C & F Fraling GmbH	Managing Director	70.000	01.04.91	01.08.91	Completed	AG	DU	100
AG	DU	0	Brennet AG	Chief Executive Officer	35.000	18.03.92					
AG	DU	0	Brennet AG	Executive Vice President	35.000	09.01.92	29.03.93	Completed	AG	DU	100
AG	DU	0	Girmes GmbH	Managing Director of Production	0	28.05.92					
AG	DU	0	Jager-Grote GmbH	Designer	32.000	24.09.92					
AG	DU	0	Bleimund GmbH	General Manager	40.000	19.05.92	25.08.92	Completed	AG	DU	100
AG	DU	0	Kemper GmbH & Co.	Executive Vice President	50.000	28.01.92					
AG	DU	0	Irskena GmbH	Director Administration	42.000	16.09.92	12.12.92	Completed	AG	DU	100
AG	DU	0	PLS Verlag GmbH	Managing Director	32.000	21.01.94	01.07.94	Completed	AG	DU	100
AG	DU	0	Horizont Holding	Director Sales	33.000	21.07.94	25.10.94	Completed	AG	DU	100
AG	DU	0	Deutsche Tecalemit	Financial Director	25.000	06.01.93	03.02.93	Completed	AG	DU	100
AG	DU	0	Kurt Salmon Ass.	Head of Retail Department	37.500	09.07.94	15.12.94	Completed	AG	DU	100
AG	DU	0	Kurt Salmon Ass.	Head of Physical Distribution D.	42.000	09.09.92					

Entscheidend für den Headhunter ist eine hohe Kundenzufriedenheit, denn nur diese führt ohne zusätzlichen Aufwand zu neuen Aufträgen. Darum werben auch alle Headhunter mit einer hohen Rate von sogenannten **Repeat Clients.** Die fast von jedem Headhunter behaupteten zwei Drittel Stammkunden sind jedoch zumeist unter der Rubrik Werbung zu verbuchen.
Der seriöse Headhunter wird immer versuchen, den Suchprozeß aus der Sicht des Klienten zu betrachten. Die Ansprüche der Klienten sind allerdings sehr unterschiedlich. Dem einen reicht ein gelegentlicher Anruf, der andere möchte seine Sekretärin oder seinen Assistenten informiert haben und der dritte erwartet wöchentliche **Progress Reports.** Viele Klienten lernen jedoch im Laufe einer Zusammenarbeit über mehrere Projekte hinweg die Arbeitsweise des Headhunters besser kennen. Dadurch geht dann das Bedürfnis nach ständiger Information tendenziell zurück. Jeder Klient erwartet aber während des gesamten Prozesses eine bestimmtes Niveau der Kommunikation mit dem Headhunter. Alle Klienten interessiert am Ende nur die Qualität des Ergebnisses. Sie ist das Hauptargument für Wiederholungsaufträge und für Weiterempfehlungen.

> **Die meisten Fehler machen Unternehmen,**
> **wenn es ihnen gutgeht,**
> **nicht wenn es ihnen schlechtgeht.**
> ***Alfred Herrhausen***

Der wichtigste Bestandteil des Entgeltes für den Headhunter ist sein Honorar, die sogenannte **Fee.** Wie schon gesagt, hängt seine Höhe im Kern nur von zwei Faktoren ab: der Höhe des Gehalts der zu besetzenden Position und der Reputation des Headhunters. Dabei hat sich auf dem Markt ein Kristallisationspunkt herausgebildet, um den das Honorar schwankt. In der Regel entspricht es einem Drittel des Jahreseinkommens für die zu besetzende Position. Die manchmal anzutreffende Argumentation, daß sich das Honorar nach dem erforderlichen Arbeitsaufwand des Headhunters richtet, ist bare Werbung.

Wenn dies zutreffen würde, müßten die Honorare für die Suche nach Vorstandsmitgliedern großer Konzerne am niedrigsten sein und nicht wie real, am höchsten.

Von Fall zu Fall kann die Schwankungsbreite allerdings erheblich ausfallen. Bei einem Jahresgehalt von DM 180 000 kann das Honorar etwas höher als DM 60 000 und bei DM 600 000 erheblich niedriger als DM 200 000 sein. Da die Drittelregelung für Klient und Headhunter einfach zu handhaben ist, ist sie auch weit verbreitet.

Die Preisunterschiede können zwischen den verschiedenen Headhuntinggesellschaften aber beträchtlich sein, deshalb lohnt sich für den Klienten in jedem Fall auch ein Preisvergleich – als ein Kriterium unter anderen – für seine Entscheidung, welchem Headhunter er den Zuschlag gibt. Bieten sich jedoch Headhunter weit unter dem Preis bekannter Gesellschaften an, dann sollte dies ein Indiz dafür sein, daß diese in den Markt eindringen wollen, also über wenig Erfahrung verfügen. Das Honorar ist ein Festhonorar, unabhängig vom Erfolg und der Zufriedenheit des Klienten mit der Suche.

Die Preisverhandlungen sind für viele Headhunter trotzdem ein leidiges Thema. Unterstellt man einmal, daß ein Manager mit einem Jahresgehalt von DM 300 000 dem Unternehmen wenigstens Kosten von DM 450 000 verursacht und daß dieser acht Jahre im Unternehmen verweilt, dann stellt ein solcher Manager eine Investition von DM 3 600 000 dar. Wenn die Suche DM 100 000 kostet, wäre es dann sinnvoll, über DM 5000 mehr oder weniger zu diskutieren? Bezogen auf den Preis der Suche sind es fünf Prozent, aber bezogen auf diese Investition – und dafür arbeitet der Headhunter – sind es 0,14 Prozent.

Außerdem ist es ja nicht nur allein der Preis dieser enormen Investition, der zählt. Zu berücksichtigen ist auch, daß letztlich die Qualität des Managers über den Wirkungsfaktor des investierten Geldes entscheidet. Daran gemessen sind die Honorare der Headhunter moderat.

Fast alle der bekannten Gesellschaften lehnen es ab, auf Erfolgsbasis zu arbeiten. Das ist aber nicht in allen Ländern die Regel, und auch in den deutschsprachigen Ländern gibt es immer wieder Anfragen von Klienten danach. Manche Klienten meinen, durch die Bindung der Honorarhöhe an die Zeit und die Qualität der Suche beides zu verbessern. Dies ist ein vollständiger Trugschluß, auch wenn manche Headhunter zuweilen auf derartige Vorstellungen eingehen. Ein Headhunter, der bereit wäre, danach seine Suche auszurichten, würde alles tun, um seinen Klienten schnell zufriedenzustellen. Er hat vielerlei Möglichkeiten, auf den Klienten Einfluß zu nehmen, um die Suche schnell abzuschließen. Ein Erfolgshonorar kann daher nicht im Sinne des Klienten sein. Für diesen steht im Vordergrund, den bestmöglichen Kandidaten zu erhalten. Dabei nimmt er durchaus Einfluß auf das Tempo der Suche, indem er mit dem Headhunter ständig den aktuellen Stand bespricht. Darum werben auch manche Headhunter mit dem Argument, daß sie besonders zügig arbeiten würden. Demgegenüber sind andere dafür bekannt, besonders viel Zeit für ihre Suche zu benötigen und dabei sehr gründlich vorzugehen. Der Markt entscheidet darüber, welcher Mix von Tempo und Qualität der geeignetste ist.

In der Regel wird das Honorar in drei oder vier Monatsraten, den sogenannten **billings**, gezahlt. Ist danach die Suche noch nicht abgeschlossen, wird ohne zusätzliche Honorarvereinbarungen weitergesucht, bis ein Kandidat eingestellt ist. Diese Aufträge sind dann **out of billings**. Sie können über zehn und zwölf Monate gehen und in Extremfällen auch noch darüber hinaus. Allerdings verknüpfen viele Gesellschaften das Festhonorar mit einer Variante der Erfolgshonorierung. Beispielsweise wird dann das letzte Drittel erst nach Abschluß der Suche ausgezahlt. Das kontern dann die Headhunter, indem sie eine Honorarerhöhung (**upward adjustment**) für den Fall erwarten, daß in den Vertragsverhandlungen ein höheres Gehalt vereinbart wird.

Wird eine Suche frühzeitig abgeschlossenen ist selbstverständlich das Resthonorar fällig. Wird sie jedoch noch innerhalb der Zeit der Honorarzahlung vom Klienten abgebrochen (**Cancellation**), dann entfällt auch die weitere Honorarzahlung. Der zweite Bestandteil des Entgelts sind die Spesen (**Expenses**). Sie

bestehen zum größten Teil aus den Reisekosten, Übernachtungen und Bewirtungen, der Anmietung von Besprechungsräumen sowie Kommunikationskosten. Es ist üblich, diese Spesen als eine monatliche Pauschale zu berechnen, die insgesamt zwischen 15 und 20 Prozent der gesamten Honorarsumme beträgt. Für besonders aufwendige Suchen können jedoch auch schon mal 25 Prozent und mehr erreicht werden, insbesondere wenn zusätzlich im Ausland gesucht werden muß. Ihre exakte Höhe kann vorher nicht festgelegt werden, denn niemand kann wissen, wie viele Reisen und wohin bei einer Suche erforderlich sein werden. Die Spesen werden nicht detailliert ausgewiesen. Das hängt zum einen mit dem Flair der Headhuntingszene zusammen. Wenn die Suche für eine herausragende Managementposition DM 100 000 kostet, dann sollte wohl ein pingeliger Nachweis über DM 100 Telefonkosten entfallen. Gemessen an der Ebene, auf der Headhunter tätig sind, würde eine derartige Abrechnung als nicht angemessen erscheinen und zudem auch nur zusätzliche Arbeit mit sich bringen.
Zum anderen Teil können die Headhunter für ihre Vorgehensweise jedoch auch gute inhaltliche Gründe anführen. Zahlreiche Gespräche und Interviews mit Kandidaten können nicht detailliert nachgewiesen werden. Damit würde in den suchenden Unternehmen ein Vorgang über einen Manager entstehen, der in einem anderen Unternehmen hochgeachtet ist. Sein Änderungswunsch könnte für ihn negative Konsequenzen haben. Auch möchten manche Klienten nicht, daß sich der Suchauftrag in ihrem Unternehmen herumspricht.
Außerdem gehört die Verschwiegenheit eines Headhunters zu seinen Erfolgsassets, und das hat seinen Preis.
So kann es durchaus geschehen, daß die Spesenabrechnung für manchen Headhunter auch zu einer Quelle für eine indirekte Honorarerhöhung geraten kann. Besonders längerandauernde Suchen können die Spesenabrechnungen erheblich in die Höhe treiben. Es bietet sich an, umfangreichere Reisen vorher abzusprechen. Zumeist ist das für die Klienten jedoch kein Thema, an welchem sie sich länger aufhalten.
In anderen Beratungszweigen sind Spesenabrechnungen

jedoch sogar äußerst detailliert, indem wie in der PR-Branche sogar jedes Telefonat nachgewiesen wird. Kleinere Gesellschaften in der Unternehmensberatungsbranche können die Spesen zumeist auch nicht pauschalisieren, sondern müssen sie detailliert ausweisen.

Letztlich bringt die ganze Spesendiskussion für den Klienten gar nichts. Fühlt er sich nicht korrekt behandelt, sollte er die Diskussion sein lassen und den Berater wechseln.

Ein weiterer Fehler, den Klienten in diesem Zusammenhang machen können, besteht darin, mit mehreren Headhuntern gleichzeitig zusammenzuarbeiten. Deutschland hat einen überschaubaren Managermarkt. Suchen zwei bekannte Headhunter gleichzeitig für ein und dieselbe Position, spricht sich dies sehr schnell herum. Sowohl die Seriosität des Headhunters als auch die des Klienten würde darunter leiden. Es kommt für den Klienten kein besseres Resultat dabei heraus. Der Headhunter ist der unmittelbare Berater des Klienten, ihm kommen auch viele Interna aus dem Unternehmen zu Ohren. Deshalb wechseln die seriösen Unternehmen auch nicht ständig die Berater.

Personalberatungen, die vorwiegend anzeigengestützt tätig sind, werben manchmal noch immer mit dem Argument, daß sie kostengünstiger arbeiten würden als die Headhunter. In dem explodierenden Markt des Headhuntings ist dieses Argument wirkungslos geblieben. Im Anzeigengeschäft ist ein Honorar von 20 – 25 % vom Jahreseinkommen weit verbreitet. Hat die erste Anzeige keinen Erfolg und muß eine zweite mit verändertem Text geschaltet werden, liegen die gesamten Kosten sowieso über denen des Headhuntings.

Das Honorar eines Headhunters orientiert sich zumeist an einem Drittel des anvisierten Jahresentgelts für die zu besetzende Position. Umfangreiche Aufwendungen des Headhunters bleiben dem Klienten verborgen. Jeder Klient erwartet einen Berater, mit dem er auf seinem Niveau kommunizieren kann. Das hat seinen Preis.

Der Ablauf des Headhunting

8

Rein formal vollzieht sich das Headhunting in sechs Phasen. Einige Headhunter untergliedern diese Phasen noch weiter, ohne daß damit jedoch mehr Transparenz oder Exaktheit zu erzielen wäre. Ob man nun sechs, acht oder zehn Phasen definiert, ist letztlich nur eine Frage des Marketings der Headhunter.
Die Vorgehensweise im Headhunting ist Schritt für Schritt originär von verschiedenen Headhuntinggesellschaften entwikkelt worden. In den einzelnen Phasen sind – wie gesagt – die Interessen der drei beteiligten Parteien nicht deckungsgleich. Sie reflektieren diese Phasen auch unterschiedlich. Deshalb soll hier zuerst ihr formaler Ablauf und die Rolle des Headhunters darin dargestellt werden, danach werden Hinweise zur Interessenlage des Kandidaten und des Klienten gegeben.

I. Während des ersten Gesprächs mit dem Klienten muß der Headhunter alle mit einem Suchauftrag verbundenen Unternehmensprobleme und die Aufgabenstellung erfassen.

Am Beginn jedes Suchprozesses muß sich der Headhunter bei seinem Auftraggeber über die Bedingungen des Auftrags informieren. Dazu gehört auch die Persönlichkeit seines Auftraggebers bzw. die des zukünftigen Vorgesetzten des einzustellenden Managers. Dabei muß der Headhunter beachten, daß der **End-**

user, also der zukünftige Vorgesetzte des einzustellenden Managers, und der **Decision-Maker**, also derjenige, der über die Einstellung zu entscheiden hat, nicht immer ein- und dieselbe Person sind. Noch schwieriger wird es für ihn, wenn er den Auftrag vom Personalchef erhalten hat, dieser aber über die Einstellung selber gar nicht entscheiden kann.

Der Headhunter benötigt so viele Informationen über das Unternehmen, den Aufgabenbereich der zu besetzenden Position und über das soziale Umfeld der Position, wie er nur erhalten kann. Zumeist erhält er aber gar nicht genügend Informationen. Häufig meinen die Auftraggeber, eine grobe Beschreibung der Position wäre für die Suche völlig ausreichend. Oder sie fürchten, negative Informationen über das Unternehmen offenbaren zu müssen. Fast immer will der Headhunter mehr wissen, als der Auftraggeber bereit ist, zu geben. Er benötigt aber unbedingt ein exaktes **Positionsprofil**, um die weiteren Schritte gründlich und nicht oberflächlich vorbereiten zu können.

Oft bleibt deshalb bereits in dieser ersten Phase wenig vom Flair des Headhuntings übrig, denn der Headhunter wird als simpler Vermittler behandelt. Er soll mit seiner Berufserfahrung genügend geeignete Kandidaten heranschaffen und alles weitere, bitte sehr, doch dem Klienten überlassen.

Bekannt unter Headhuntern ist dafür der Besitzer der Molkerei Alois Müller, Hersteller der Müller-Milch-Produkte, *Theo Müller.* Das **Briefing** des Headhunters fällt bei ihm äußerst knapp aus, und außerdem weiß Theo Müller sowieso alles besser, kann auch alles besser als der Berater, und im übrigen hat er nie Zeit.

Im Mittelstand, der von vielen selbstbewußten Selfmadeunternehmern bestimmt wird, sind solche Verhaltensweisen nicht selten. Das ist frustrierend für den Headhunter und nagt an seinem Selbstverständnis. Viel zu selten versucht der Klient, aus den umfangreichen Erfahrungen des Beraters einen Gewinn für sein eigenes Unternehmen zu ziehen.

Will sich ein Klient jedoch ernsthaft vom Headhunter über seine Personalkonstellation beraten lassen, dann werden dafür aus-

führliche Gespräche benötigt. Die Informationen, die der Klient aber in dem Fall vom Headhunter erhält, stehen auch nicht unbedingt im Verhältnis zum Honorar. Und das Ganze erfordert auch noch eine entsprechende Vorbereitung des Headhunters, denn nur wenn dieser sich bereits vorher gründlich über das Unternehmen informiert hat, kann er als kompetenter Gesprächspartner auftreten.
Fast immer versucht der Headhunter mit dem Klienten über seine Vorgehensweise zu sprechen, z. B. in welcher Branche oder sogar in welchen Unternehmen ein geeigneter Kandidat gefunden werden könnte oder inwieweit ein Kandidat bereits beim ersten Kontakt informiert werden soll und auf jeden Fall, wie hoch das Gehalt für die zu besetzende Position sein würde. Dem Headhunter kann gar nichts Besseres passieren, als vom Klienten so exakte Informationen wie möglich über das Suchfeld zu erhalten. Eine Steigerung wäre nur noch die konkrete Benennung von Managern, die er ansprechen soll.
Demgegenüber stehen marktfremde Vorstellungen des Klienten über die Qualität und das Gehalt der offenen Position. Eines der größten Probleme des Headhunters besteht darin, derartige Vorstellungen des Klienten im Gespräch auszuräumen.

Immer wieder wollen Unternehmer einen erstklassigen Manager haben, aber dafür nur ein zweitklassiges Gehalt zahlen.

Oder sie überschätzen einfach die Attraktivität ihres Unternehmens und meinen, aus Unternehmen mit einer hohen Reputation problemlos einen Manager gewinnen zu können. Schon in dieser Phase muß der Headhunter mit seiner Erfahrung korrigierend auftreten. Es ist schade, wenn der Klient die Beratungsfunktion des Headhunters unterschätzt.
Sehr mühevoll gestaltete sich zum Beispiel die Suche für *Egon Zehnder International* nach einem neuen Vorstandsvorsitzenden bei dem Kölner Pharmaunternehmen *Madaus*. In der Kölner VIP-Szene ist die Besitzerfamilie vor allem durch ihr gutsherrenartiges Auftreten bekannt. Das schlug sich auch in der Zusammenarbeit zwischen dem Headhunter und dem Eigentümer nieder. Wochenlang erhielten die Berater keine Informationen über die Meinungsbildung unter den Eigentümern. Die

präsentierten Kandidaten wurden mit unglaubwürdigen Geschichten hingehalten. Ein konstruktives Miteinander war nicht möglich. Es wurde auch keine Beratung gewünscht, sondern es sollte nur ein »Lohnknecht« präsentiert werden. Mit der Zeit sprach sich das im Markt herum. Die Folge war ein erheblicher Reputationsverlust für das Unternehmen. Für den Headhunter war dies zwar eine schmerzliche, aber auch lehrreiche Suche.

Sollte im Gespräch das Selbstverständnis des Klienten und das Verständnis des Marktes über ihn vollständig konträr bleiben, sollte der Headhunter den Auftrag besser gar nicht erst annehmen. Langfristig sinnvoller wäre es, dem Klienten eine ungeschminkte Außenspiegelung seiner Situation zu geben. Dazu sind jedoch nur sehr wenige Headhunter bereit. **Sehr selten nur weisen Headhunter einen Auftrag zurück, jedenfalls viel seltener, als es die Verfassung des Unternehmens und die Vorstellungen der Unternehmensleitung erfordern würde.**

Damit sind nicht diejenigen Headhunter gemeint, die entweder nicht qualifiziert genug sind, das Unternehmen zu durchschauen, oder die bereits den Ruf haben, alles zu machen. Auch sie sind zahlreich im Markt vertreten. Zumeist aber sind sich die Headhunter jedoch wohlbewußt, für welche Sorte Klient sie tätig werden. Sie scheuen allerdings die Auseinandersetzung mit dem Klienten. Da sie in ihrem Beruf notwendigerweise mit sehr vielen Charakteren zurechtkommen müssen, senkt sich bei ihnen quasi automatisch die Hemmschwelle ab. Das trifft vor allem dann zu, wenn sie nicht mit Aufträgen ausgelastet sind. Die meisten Headhunter versuchen alles, um einen Auftrag zu erhalten, in dem Glauben, so schlimm sei es nun doch wieder nicht um den Klienten bestellt, und wenn nicht sie, so würde ein anderer Kollege den Auftrag übernehmen.

Dr. Robert Baumruk von *Ward Howell* hatte nach verschiedenen schwierigen Suchen für die Möbelhauskette *Möbel-Mann* wieder ein Angebot für einen Auftrag erhalten. Nach den Erfahrungen der Vergangenheit mit dem Besitzer *Hugo Mann*, entschloß er sich jedoch, diesen nicht anzunehmen. Er hatte für andere Suchen hochkarätige Manager angesprochen, die dann mit Argumenten abgelehnt worden waren, die hart an die Grenze des Berufsverständnisses des Headhunters gegangen waren. Ein Headhunter hat auch einen Ruf gegenüber seinen Kandidaten zu verlieren. Diese Reputation ist einer seiner wesentlichen Assets auch gegenüber dem Klienten.

II. Die Resultate des ersten Gesprächs werden zusammen mit der Vorgehensweise und den Konditionen für den Klienten schriftlich in einem Proposal formuliert.

Zumeist reichen die bereits vor dem ersten Gespräch zusammengetragenen Informationen und die im Gespräch erlangten Hinweise aus, um dem Klienten einen Geschäftsvorschlag zum Suchauftrag zu machen. Dieser **Proposal** oder auch Angebot genannt, besteht aus drei Teilen:

1. der Aufgabenstellung,
2. den Honorarbedingungen,
3. den Arbeitsgrundsätzen des Headhunters.

Der dritte Teil bleibt bei jedem Klienten mehr oder weniger unverändert. Beispielsweise wird die darin enthaltene Garantie des Headhunters, beim vorfristigen Ausscheiden des Managers noch einmal kostenlos zu suchen (siehe S. 55, 78), häufig nur auf ausdrücklichen Wunsch des Klienten aufgenommen.
Der zweite Teil ist knifflig, weil der Headhunter oft nicht weiß, ob der Klient nicht noch weitere Angebote einholt und dann die Honorarhöhe ausschlaggebend sein kann. In der Regel hat er jedoch klare Honorarsätze und räumt sich selber nur einen geringen Spielraum bei Preisverhandlungen ein (siehe S. 61 ff).
Die eigentliche geistige Leistung des Headhunters steckt im ersten Teil. Häufig wird jedoch auch dieser Teil als reine Routine abgehandelt. Die einzelnen Bestandteile,

- die Beschreibung der Situation des Unternehmens,
- die Definition seines Personalproblems,
- die Erläuterung der zu übernehmenden Aufgabe,
- das Anforderungsprofil der zu besetzenden Stelle einschließlich ihrer Dotierung,
- die Zielgruppen (**Target**), in denen der Kandidat gesucht werden sollte und
- die dabei möglichen Vorgehensweisen werden aus der »Konserve« genommen. Das heißt, vorhandene Proposals werden einfach umgeschrieben.

Im Unterschied zum ersten Arbeitsschritt will sich der Headhunter nicht lange mit dem Angebot aufhalten. Er hat die Aufgabenstellung verstanden und will den Auftrag schnell haben. Das ist einer der typischen Fehler überhaupt, die Headhuntern immer wieder unterlaufen.

Der schriftliche Vorschlag zum Personalproblem und zu seiner Lösung ist das wesentliche Medium, in das der Headhunter seine Erfahrung einfließen lassen kann. Hier spielen die Anzahl seiner Managerkontakte keine Rolle, es zählt allein seine Fähigkeit zur Analyse und zur Formulierung. **Das schriftliche punktgenaue Formulieren ist aber eine Schwäche vieler Headhunter.** Sie leben weitgehend von ihrem Einfühlungsvermögen und ihrer Erfahrung. Darum wird das schriftliche Angebot schnell erledigt, in der Gewißheit, daß er den Klienten bereits im Gespräch durch seine Persönlichkeit überzeugen konnte und der Auftrag erteilt werden wird.

Beispiel eines typischen Proposals

Persönlich und Vertraulich

Herrn
Klaus B.
Geschäftsführender Gesellschafter
ABC KG
Postfach 47 11

14735 Musterhausen

xx Februar xxxx
ROD/BS

Sehr geehrter Herr B.,

zunächst möchte ich mich für das ausführliche Gespräch, das wir am 30. Januar 199x in Ihren Räumen zusammen mit Herrn Dr. P. geführt haben, sehr herzlich bedanken.
Bezugnehmend auf die Einblicke, die Sie mir im Laufe des o. g. Gespräches gegeben haben, möchte ich Ihnen unser Angebot unterbreiten, Sie bei der Suche und Auswahl des zukünftigen

Geschäftsführers Vertrieb

für die ABC KG zu unterstützen.

Im folgenden darf ich ihnen unser Verständnis bezüglich der Situation bei ABC, die Rahmenbedingungen für die Suche nach der oben genannten Führungskraft sowie unsere Vorgehensweise zur Lösung des Personalproblems und die Konditionen unserer Tätigkeit erläutern.

Ausgangssituation

Die Anfänge der ABC-Gruppe gehen auf den Beginn des 20. Jahrhunderts zurück, als man sich mit der Bemalung von Kirchenscheiben beschäftigte.
Die Basis für das heute entwickelte Geschäft und die Bedeutung von ABC wurde durch Peter B. im Jahre 1936 gelegt, als er die ABC KG gründete. Dieses Unternehmen ist in Familienbesitz geblieben und wurde ab 1984 von den beiden Enkeln, Herrn Paul B. und Herrn Klaus B., geführt.

Heute hat die ABC KG einen Umsatz von ca. DM 240 Mio. Das Unternehmen ist spezialisiert auf die Produktion von Innen- und Außenwerbung, die Herstellung von Displays und seit einiger Zeit auch auf die Produktion technischer Kunststoff-Artikel, die vor allem im Automobilbau eingesetzt werden. Es werden ca. 1600 Mitarbeiter beschäftigt.
Typische Kunden des Unternehmens sind Brauereien und Getränke-Hersteller, aber auch eine breite Palette von Konsumgüter-Anbietern, die mit Displays und andere Präsentationshilfen arbeiten. Darüber hinaus produziert man auch spezielle Druck-Produkte, wie z. B. Frontscheiben für Spielautomaten. In dieser Hinsicht verfügt das Unternehmen über z. T. in Deutschland einzigartige drucktechnische Erfahrung, so daß man im hochwertigen Bereich sehr interessante Produkte anbieten kann. Hierbei werden nicht nur flexible Materialien bedruckt, sondern auch vor allen Dingen Kunststoffscheiben, Spiegel und ähnliche komplizierte und glatte Oberflächen.
Daneben verfügt das Unternehmen über umfangreiche Erfahrung und Fähigkeiten im Bereich des Tiefziehens und Spritzens von verschiedenen Kunststoffen. Solche Produkte werden dann z. T. mit dem vorher genannten Verfahren kombiniert.
Das Unternehmen wird unter der Leitung des Geschäftsführenden Gesellschafters von drei Geschäftsführern gemanagt. Während die drei zuerst genannten Herren ca. Anfang bis Mitte 50 Jahre alt sind, ist der jetzige Vertriebsgeschäftsführer inzwischen 63 Jahre alt, und er wird spätestens Ende 199x/Anfang 199y ausscheiden.
Um seine Nachfolge zu sichern, wollen Sie nun damit beginnen, nach einem geeigneten Herrn zu suchen, der diese Aufgabe übernehmen kann. Dabei ist geplant, den neuen Herrn etwa zum Ende des Jahres 199x »an Bord zu nehmen«, so daß er die Gelegenheit hätte, ca. ein Jahr (199x) mit dem vorhandenen Vertriebsgeschäftsführer parallel zu laufen und Kundenkontakte und Know-how zu übernehmen.
Von Anfang an wollen Sie dem neuen Mann aber klare Aufgaben zuordnen, so daß der Vertriebsbereich in geeigneter Form zwischen dem vorhandenen und dem neuen Herrn aufgeteilt wird. Stufenweise soll der neue Vertriebsgeschäftsführer dann die Gesamtaufgaben übernehmen und Ende 199x/Anfang 199y die volle alleinige Verantwortung haben.
Sie denken an einen erfahrenen Vertriebsleiter oder -Direktor eines Unternehmens in einem ähnlichen Aktionsfeld mit vergleichbarer Kundenstruktur.
Detaillierte Angaben dazu enthält das beiliegende Positionsprofil.
Der zu leitende Absatzbereich ist gekennzeichnet durch eine Innendienst-Organisation auf der einen Seite und einem umfangreichen Außendienst auf der anderen Seite. Dies gilt es weiter zu optimieren und

vor allen Dingen den Innendienst noch etwas schlagkräftiger und systematischer zu organisieren.
Im Augenblick hängt das Unternehmen sehr stark von einigen Großkunden ab, die ca. ein Drittel des Umsatzes ausmachen. Bei den übrigen Kunden handelt es sich ebenfalls weitgehend um Inlandskunden, so daß der neue Mann auch die Aufgabe hätte, das Ausland stärker zu bearbeiten und hier neue Absatzfelder zu erschließen.
Da es sich hier um eine diffizile Position handelt, deren gute Besetzung sehr stark für den Erfolg der ABC KG in der Zukunft entscheidend ist, denken Sie daran, WARD HOWELL als professionelle Firma mit dem Spezialgebiet »Suche nach Führungskräften« mit dieser Aufgabe zu betrauen.

Unsere Verantwortung

Die Aufgabe von WARD HOWELL besteht darin, potentielle Kandidaten zu identifizieren, zu beurteilen und auszuwählen sowie zu Gesprächen mit Ihnen zu motivieren. Schließlich werden Ihnen nur solche Bewerber präsentiert, die über den entsprechenden Hintergrund und die erforderliche Persönlichkeit verfügen.
Durch unsere systematische Vorgehensweise stellen wir sicher, daß Sie den Ihnen am besten geeignet erscheinenden Kandidaten aus der Gruppe der von uns vorgeschlagenen Bewerber auswählen können.

Unsere Vorgehensweise

Unsere Auftraggeber können selbstverständlich davon ausgehen, daß wir uns nur einer Vorgehensweise bedienen, die im Einklang mit den entsprechenden gesetzlichen Regelungen in der Bundesrepublik Deutschland steht.
Wird WARD HOWELL beauftragt, Kandidaten für eine bestimmte Aufgabe zu präsentieren, strukturieren wir unser Vorgehen in drei zeitlich aufeinanderfolgende, getrennte Phasen:

I. Problemdefinition
II. Systematische Suche
III. Präsentation von Kandidaten und Vertragsverhandlungs-Unterstützung

I. Problemdefinition

Im Rahmen dieser Phase führen wir Gespräche mit unserem Mandanten, um uns mit dem Umfeld des auftraggebenden Unternehmens, der Organisationsstruktur, den Zielsetzungen des Hauses und dem Führungsteam soweit vertraut zu machen, wie dies für die Besetzung der Position erforderlich ist.

Auf der Basis des mit Ihnen geführten Gespräches haben wir ein Positionsprofil entwickelt, das unser Verständnis von der Situation des Unternehmens, dem zur Diskussion stehenden Aufgabenbereich sowie den Anforderungen an den künftigen Stelleninhaber zusammenfaßt. Dieses Positionsprofil ist die Grundlage der sich daran anschließenden Schritte.

Die völlige Übereinstimmung des Positionsprofils mit Ihren Vorstellungen ist aus zwei Gründen unabdingbar: Zum einen sollten Sie und wir sicher sein, daß wir die Aufgabe richtig verstanden haben und unsere anschließende Suche in die richtige Richtung geht; zum anderen gibt ein genaues Positionsprofil Ihnen und uns die Sicherheit, daß wir die richtigen Informationen an potentielle Kandidaten weitergeben. Dies ist um so wichtiger, als wir die wesentlichen Punkte des Positionsprofils – bis auf die Rahmendaten eines möglichen Anstellungsvertrages – eingehend mit den ausgewählten Kandidaten diskutieren und diesen zur Verfügung stellen.

Wir möchten Sie bitten, dieses Positionsprofil durchzuarbeiten und eventuelle Änderungen anzubringen.

Bitte übersenden Sie uns auch – wie besprochen – ca. 10 Exemplare Ihrer Firmen-Selbstdarstellung bzw. Ihres Prospektmaterials.

II. Systematische Suche

Der eigentliche Suchprozeß kennzeichnet sich durch eine systematische Vorgehensweise, wobei wir – auf der Basis des gemeinsam erarbeiteten und verabschiedeten Positionsprofils – bestimmen, in welchem Branchensegment und in welchen Unternehmen sich solche Persönlichkeiten befinden, die unserer Meinung nach für die zur Diskussion stehende Aufgabe geeignet sein können.

Nach Einschätzung der Sachlage sind wir gemeinsam der Meinung, daß geeignete Kandidaten am ehesten in der gleichen oder in ähnlichen Branchen, d. h. bei Unternehmen, die sich mit der Herstellung von bedruckten Kunststoffteilen für die Außen- und Innenwerbung beschäftigen, vielleicht Schaufenster-Aufsteller, Haftfolien, Formteile aus Polyurethan-Hartschaum, Dauer-Kalender oder Tiefziehteile aus Acrylglas oder Polycarbonat produzieren, zu finden sind.

Typische Abnehmer dieser Artikel sind die werbende Industrie im weitesten Sinne.

Ihre unmittelbare Konkurrenz sollten Sie mir noch als Liste liefern, wobei Sie freundlicherweise diese Liste kurz kommentieren wollten, so daß wir nicht Firmen berücksichtigen, die nach Ihrer Ansicht nicht qualifiziert sind bzw. mit Ihnen befreundet sind.

Ich werde im Gegenzug dann eine Firmenliste aus unserer Sicht in den

genannten Arbeitsbereichen zusammenstellen, die ich kritisch zu kommentieren bitte.
Sollten wir in diesen Bereichen nicht fündig werden, wird nach einiger Zeit eine Neuorientierung in verwandte Sektoren zwischen uns nochmals separat abgestimmt.
Ist das Interesse der Gesprächspartner geweckt, verschaffen wir uns in detaillierten Gesprächen mit den Kandidaten einen Einblick in fachliche Kompetenz und Persönlichkeitsstruktur. Aus dem Kreise dieser Bewerber wählen wir dann die am besten geeigneten aus, um sie Ihnen vorzustellen.
Detaillierte Zwischenberichte informieren Sie über den Stand unserer Bemühungen, d. h. wir beschreiben genau, was wir bereits getan haben, wo wir uns derzeit befinden und in welche Richtung wir uns bewegen.

III. Präsentation von Kandidaten und Vertragsverhandlungs-Unterstützung

Die dritte Phase unseres Vorgehens zeichnet sich dadurch aus, daß wir Ihnen für die Position drei bis vier Kandidaten zu einem Interview vorschlagen. Vor einem solchen Gespräch erstellen wir über jeden zu präsentierenden Kandidaten einen vertraulichen Bericht, der folgende Informationen beinhaltet:

- Allgemeine Angaben, wie
  - Name und Anschrift des Bewerbers
  - Ort und Zeitpunkt des durchgeführten Interviews

- Persönliche Daten, wie
  - Alter, Familienstand etc.
  - Derzeitiges Gehalt, Gehaltsvorstellungen
  - Kündigungsfrist

- Aus- und Weiterbildung

- Beruflicher Werdegang
  - Darstellung in tabellarischer Form

- Berufliche Erfahrungen, wie
  - Beschreibung der bisherigen Tätigkeiten
  - Besondere Erfolge
  - Stärken und Schwächen
  - Gründe für Positionswechsel

- Beschreibung und Beurteilung
  - Physische Beschreibung
  - Gründe für das Interesse an der ausgeschriebenen Position
  - Begründung, warum WARD HOWELL diesen Kandidaten vorschlägt

Gegen Ende der Gespräche und bei Vorhandensein eines Kandidaten, den Sie akzeptiert haben und dem Sie ein Vertragsangebot unterbreiten wollen, würden wir für beide Seiten vermittelnd tätig sein. Dies hat zum Ziel, daß die Kandidaten Ihrer Wahl den von Ihnen unterbreiteten Vertrag unterzeichnen. Um hier keine unnötigen Verzögerungen entstehen zu lassen, konkretisieren wir die Vorstellungen beider Seiten und versuchen, den Vertragsinhalt so zu beeinflussen, daß die jeweiligen Interessen gewahrt bleiben und entsprechende Beachtung finden.
Weiterhin würden wir jederzeit zur Durchführung von Referenzüberprüfungen zur Verfügung stehen. Wir empfehlen jedoch, Referenzen nicht vor persönlichen Gesprächen zu überprüfen, da dies zu vielfältigen Problemen führen kann.
Darüber hinaus würden wir mit dem endgültigen Kandidaten und dem auftraggebenden Unternehmen mindestens ein Jahr nach Auftragsabschluß bzw. Vertragsunterzeichnung in Verbindung bleiben, um eventuell auftretende Probleme während der Einarbeitungszeit zu erkennen und zu lösen.

Das Beraterteam

Bei der Unternehmensberatung im Executive Search ist die Person des Beraters für die erfolgreiche Durchführung des Auftrages von besonderer Bedeutung.
Entsprechend des »Chefkoch-Prinzips« von WARD HOWELL würde ich persönlich die volle Verantwortung für das Projekt übernehmen, alle notwendigen Schritte koordinieren, alle Gespräche selbst führen und die ausgewählten Kandidaten persönlich präsentieren.
Frau XYZ aus unserer Marktforschungsabteilung in Düsseldorf sowie Frau UVW als meine Assistentin würden an dieser Aufgabe mitarbeiten.

Berichtswesen

Wir möchten erwähnen, daß WARD HOWELL auf einen engen Informationsaustausch mit dem Mandanten großen Wert legt. Sie sollten davon ausgehen, alle zwei Wochen einen Bericht – mündlich oder schriftlich – von uns zu erhalten.
Berichte und sonstige Post würden an Ihre Geschäftsadresse in Musterhausen mit dem Vermerk »Persönlich und Vertraulich« versehen, zuge-

stellt, ansonsten würden wir Sie persönlich über den jeweiligen Stand unserer Bemühungen informieren.
Die Entscheidung, welcher Kandidat Ihren Anforderungen am besten gerecht wird, fällen Sie. Auf jeden Fall gehen wir davon aus, daß Sie unser primärer Gesprächs- und Verhandlungspartner wären.

Zeitablauf

Für die erfolgreiche Abwicklung eines solchen Auftrages müssen Sie normalerweise mit einem Zeitaufwand von ca. drei Monaten rechnen.
Zu beachten ist auch die Kündigungsfrist des jeweiligen Kandidaten, die in Deutschland oft 3 Monate zum Quartal – manchmal aber auch 6 Monate – beträgt. Unsere Erfahrung hat zwar gezeigt, daß die Kündigungsfrist bei Stelleninhabern auf dieser Ebene und mit diesen Aufgabenbereichen verhandelbar ist bzw. meist eine kurzfristige Freistellung des Stelleninhabers bei Kündigung erfolgt.
Selten nur wird ein Kandidat aber kürzer als drei Monate nach Vertragsschluß zur Verfügung stehen, da eine ordnungsgemäße Abwicklung seiner bisherigen Aufgaben dies einfach erfordert.
Sie sollten davon ausgehen, daß ca. 4 – 6 Wochen nach Auftragserteilung vergehen, ehe wir die ersten persönlichen Gespräche mit potentiellen Kandidaten führen, und wir Ihnen nach ca. 6 – 8 Wochen Kandidaten vorstellen werden.

Beratungshonorar und sonstige Auslagen

Um eine unabhängige Beratung sicherzustellen, arbeiten wir – genau wie die anderen großen und seriösen Direktsuche-Unternehmen – in jedem Fall gegen ein vorher zu vereinbarendes festes und erfolgsunabhängiges Honorar, zuzüglich Barauslagen und Mehrwertsteuer. Unser Honorar beträgt normalerweise 1/3 der für die Position im ersten Jahr insgesamt gewährten Bezüge (inkl. Bonus) des unter Vertrag genommenen Kandidaten.
Wir sind bereit, dieses Projekt zu einem Fest-Honorar von DM 90 000 durchzuführen, indem wir von einem Mindesteinkommen des neuen Mannes von DM 270 000 (inkl. Bonus) ausgehen.
Sollte das tatsächliche Gehalt höher ausfallen, als diese Kalkulation veranschlagt, verzichten wir ausdrücklich darauf, unser Honorar an ein Drittel des Jahresgehaltes anzupassen.
Bedenken Sie bitte bei der Honorargestaltung auch, daß bei unserer Vorgehensweise keinerlei Anzeigenkosten anfallen, die anderenfalls mehrere zehntausend Mark betragen würden.
Das Honorar würde Ihnen in jeweils drei gleichen Monatsraten jeweils

am Ende eines Monats, beginnend im Monat der Auftragserteilung, in Rechnung gestellt werden.
Zuzüglich werden die angefallenen Reise-, Übernachtungs-, Telefon- und ähnliche Kosten sowie die gesetzliche Mehrwertsteuer berechnet. Die Größenordnung der zusätzlichen Auslagen liegt erfahrungsgemäß bei 20 – 25 Prozent des Beratungshonorars.
Sollten unvorhergesehene Umstände es erfordern, den Beratungsauftrag von Ihrer Seite aus vorzeitig zu beenden, so würden nur das bis zu diesem Zeitpunkt anfallende Honorar (pro rata temporis) und die Barauslagen in Rechnung gestellt.
Sollten Sie aus der Reihe der Ihnen für die Position vorgestellten Kandidaten mehr als einem Herrn ein Vertragsangebot machen, würden wir Ihnen für jeden weiteren Herrn 25 Prozent des mit diesem Kandidaten vereinbarten Jahreseinkommens in Rechnung stellen.

Garantien

Für den Fall, daß sich entgegen unseren Erwartungen und Erfahrungen herausstellen sollte, daß dieser Beratungsauftrag in dem angegebenen Zeitraum nicht ausgeführt werden kann, garantieren wir Ihnen unter Verzicht auf jegliche weitere Honorarforderung unsere Arbeit so lange fortzuführen, bis qualifizierte und interessierte Kandidaten gefunden sind.
Sollte sich auch sechs Monate nach Auftragserteilung noch keine Lösung abzeichnen, hat es sich als sinnvoll erwiesen, daß der Auftraggeber und WARD HOWELL zusammenkommen, um die Gründe zu besprechen, die einem erfolgreichen Abschluß der Suche entgegenstehen, und um das weitere Vorgehen abzustimmen, das dann den Erfolg der Suche sicherstellt.
Sollte der eingestellte Kandidat das Unternehmen innerhalb eines halben Jahres nach Dienstantritt verlassen, verpflichten wir uns, ohne weitere Honorarberechnung (außer Nebenkosten) einen Ersatz zu suchen.

Ausschließlichkeitsklausel

Wir gehen davon aus, daß unser Mandant während der Arbeit an dem Projekt keine andere Beratungsgesellschaft mit derselben Aufgabe beauftragt bzw. bereits beauftragt hat. Unsere Erfahrungen haben gezeigt, daß parallel gerichtete Tätigkeiten nicht im Interesse des beauftragenden Unternehmens sein können, da dies in den Augen der Kandidaten zu einem Wertigkeitsverlust der Position führt – von den Problemen einer Mehrfachansprache erfolgversprechender Kandidaten ganz abgesehen.
Es würde mir große Freude bereiten, die zuvor skizzierte Problemlösung für Sie zu erarbeiten.

Sollten Sie weitere Auskünfte wünschen, stehe ich nach Absprache jederzeit auch kurzfristig persönlich zur Verfügung.

Mit freundlichen Grüßen

Dr. Rolf Dahlems
Geschäftsführender Gesellschafter

Anlage
Positionsprofil

III. Nachdem der Auftrag erteilt worden ist, beginnt die systematische Suche, der Search.

Das ist die längste Arbeitsphase des Headhunters, besser gesagt, seines Teams.
In sehr seltenen Fällen, nämlich dann, wenn er eine herausragende Position zu besetzen hat, bei dem ihm die in Frage kommenden Manager fast alle bereits bekannt sind, kann er schon jetzt unmittelbar damit beginnen, diese persönlich zu kontaktieren. Diese Variante ist ihm natürlich die liebste, denn sie erfordert den geringsten Aufwand. Seine **Long List** hat dann nur einen geringen Umfang. Das trifft aber nur auf die sehr wenigen Vorstandsvorsitzenden größerer Unternehmen oder für die Geschäftsleitungen in kleinen Spezialbranchen zu.
In der Regel ist die Anzahl der möglichen Manager für den Headhunter unübersehbar groß. Deshalb beginnt die Suche mit dem Research.
Dazu stellt er mit dem Researcher einen Research- oder Projektplan zusammen. **Der Researchplan ist eine Übersicht über die Unternehmen und die entsprechenden Funktionsbereiche sowie die Hierarchieebenen, in denen der Headhunter suchen wird.** Dazu gehört dann auch das sogenannte **Sourcing**. Der Headhunter verfügt über zahlreiche Kontakte zu den verschie-

Erste Zielgruppenliste
Zement & Mörtel GmbH, Wuppertal

Position:
Technischer Geschäftsführer

AUGUST 1995

1) Zementwerke
2) Wasch- und Putzmittel/Zahncreme
3) Chemische Düngemittel
4) Futtermittel/-zusätze
5) Mahlmühlen

Zementwerke

- Heidelberger Zement, Heidelberg
- Nordcement, Hannover
- Phoenix, Beckum
- Portland, Erwitte
- Readymix, Ratingen
- Teutonis, Hannover

Wasch- und Putzmittel/Zahncreme

- Barnängen, Frechen
- Blendax, Mainz
- Benckiser, Ludwigshafen
- Dalli Werke Mäurer + Wirtz, Stolberg
- Elida Gibbs, Hamburg
- Henkel, Düsseldorf
- Hofmanns Stärkefabriken, Bad Salzuflen
- Johnson Wax, Haan
- Lever, Hamburg
- Lingner + Fischer, Bühl
- Procter + Gamble, Schwalbach
- Werner + Mertz, Mainz
- Woellner-Werke, Ludwigshafen
- Yankee Polish, Reinbeck

Chemische Düngemittel

- BASF, Ludwigshafen
- Compo, Münster
- Dow Chemicals, Frankfurt
- Hoechst AG, Frankfurt
- Kali + Salz, Kassel
- Norsk Hydro Chemtech, Duisburg
- Süd Chemie, München

Futtermittel/-zusätze

- BASF, Ludwigshafen
- Bela Mühle, Vechta
- Bergophor, Kulmbach
- Bosch Futtermittel, Blaufelden
- Club-Kraftfutterwerke, Mannheim
- Una-Hakra, Hanseatische Kraftfuttergesellschaft, Hamburg
- Degussa, Frankfurt
- Gimborn, Emmerich
- Heibo Bohlmann, Kirchlinteln
- Hemo Mohr, Schweden
- Kofu, Neuss
- Köllnflockenwerke, Elmshorn
- Lohmann, Cuxhaven
- Milkivit Werke, Burgheim
- Oelmühle Hamburg AG, Hamburg
- Pfeifer + Langen, Köln
- Rhein Krone Tiernahrung, Wesel
- Salvana, Klein-Offenseth-Sparrieshoop
- Sieck, Rendsburg
- Tremonis, Dortmund
- Union Deutsche Lebensmittel, Hamburg (Unimills NL Produktion)
- Vitakraft, Bremen
- Wünsche Kraftfutterwerke, Hamburg

Mahlmühlen

- Braunschweiger Mühlenwerke, Sickte
- Georg Plange, Düsseldorf

- Jäckering Mühlen + Nahrungsmittelwerke, Hamm
- Kampffmeyer Mühlen, Mannheim, Hamburg, Hameln, Kiel, Köln
- Mühle Rüningen, Braunschweig
- Pfälzische Mühlenwerke, Mannheim
- Juchem, Eppelborn
- VK Mühlen, Hamburg
- Wilh. Wehrhahn Gruppe, Neuss

densten Personen im Management oder zu anderen Experten und Insidern. Dort erkundigt er sich nach möglichen Kandidaten oder einfach nach Hinweisen auf mögliche Kandidaten oder sogar nach anderen Personen, die derartige Hinweise geben könnten. Diesen Personenkreis bezeichnet er inter als **Quelle oder Sources.** Viele Headhunter haben in Datenbanken sämtliche früheren Kontakte mit Managern gespeichert. Ebenso werten sie öffentlich zugängliche Quellen über der Personalentwicklungen in Unternehmen aus und speichern diese in einer Datenbank. In größeren Headhuntingorganisationen kommen viele Hinweise auch von Kollegen. Weiterhin werden Firmenbroschüren, Directories, Messekataloge, Fachzeitschriften, Vereins- und Verbandsmitgliederverzeichnisse und alles andere, was Hinweise auf mögliche Kandidaten geben könnte, ausgewertet.

Die akribische Auswertung der Quellen ist vor allem Aufgabe der Researcher. Relativ selten wird der Manager und potentielle Kandidat die Ehre haben, direkt vom Berater im ersten Kontakt höchstpersönlich angerufen zu werden. In der Regel erfolgt die erste telefonische Kontaktaufnahme auch durch die Researcher. Die bekannten Berater der renommierten Beratungsgesellschaften lassen kontaktieren und schalten sich erst dann in das Geschehen ein, wenn ein Interessent echtes Potential vorweist.

Erst später, wenn sich herauskristallisiert hat, welcher Manager als Kandidat in Frage kommen würde und auch zu einem Interview bereit wäre, kommt die Zeit des Headhunters.

Diese Verhaltensweise, die zuweilen als Arroganz des Headhunters ausgelegt wird, ist durchaus verständlich. Die erste Phase des Suchprozesses ist langwierig, arbeitsintensiv und erfordert sehr viel **Desk-Research**. Oft muß richtiggehende Detektivarbeit geleistet werden. Die Researcher können nicht immer nur auf Veröffentlichungen und persönliche Kontakte zurückgreifen. Nicht selten müssen sie auch mit Hilfe einer **Legende** oder **Cover Story** durch einen sogenannten **Cold Call** in einer Firma bis zum geeigneten Kandidaten vordringen. Bei einer Belastung von zwei bis vier Aufträgen gleichzeitig ist dies mehr als ein Full-time-Job. Der Berater würde gar keine Zeit mehr für die Akquisition, Klientengespräche, Kandidateninterviews und -präsentation sowie für die Beratung des Kandidaten haben. Demzufolge sollte kein Kandidat die Rolle der Researcher unterschätzen.

Weithin bekannt ist der uralte Trick, einen Manager zu fragen, ob er nicht einen geeigneten Kollegen kennen würde, ihn aber nur auszufragen, weil er sich selber im Visier des Headhunters befindet. Kein seriöser Headhunter arbeitet heute noch mit derartigen Methoden. Angesichts des hohen Bekanntheitsgrades des Headhunting und seiner allgemeinen Akzeptanz ist diese Vorgehensweise völlig unnötig.

Oft wird es als verwerflich kritisiert, daß Headhunter unter Angabe falscher Gründe Kontakte herstellen. Dieser Vorwurf ist kurzsichtig. Im Unterschied zu den USA ist das Management in Deutschland wenig »gläsern«. Die öffentlich zugänglichen Informationen über Struktur und Management von Unternehmen sind nicht sehr detailliert und oft auch nicht aktuell. Die Atmosphäre ist in vielen Vorzimmern gegenüber dem Anruf eines Headhunters nicht gerade aufgeschlossen. Es geistern noch manche abenteuerlichen Vorstellungen über die Profession des Headhunters durch die Büros. Außerdem könnte der Headhunter wohl kaum mit Unterstützung rechnen, würde es im Unternehmen bekannt werden, daß er sich für einen der dortigen Manager interessiert. Solange er mit seiner Vorgehensweise und seinen Legenden nicht anderen Personen Schaden zufügt, kann er sich mit seiner Dienstleistung rechtfertigen.

Seine Vorgehensweise im Research sollte der Headhunter im

eigenen Interesse stets mit dem Klienten abstimmen. Dadurch nimmt er diesen quasi mit ins Boot und kann etwaige Vorwürfe gegen seine Methoden vorbauen.

Es finden sich jedoch auch Headhunter, die mit geradezu abenteuerlichen Methoden vorgehen und deshalb ihren Namen nicht verdienen.

Die Sparte Bespannungstechnik des *Voith*-Konzerns suchte für ihre französische Gruppe einen Controller. Dieser sollte auf jeden Fall fließend englisch und französisch sprechen, wünschenswert wäre auch deutsch gewesen. Er sollte über Erfahrung im internationalen Networking verfügen. Als Zielfirmen dachte der Klient beispielsweise an die französischen Büros internationaler Wirtschaftsprüfergesellschaften.

Auf Grund einer Empfehlung aus dem Konzern wurde mit der Suche die französische Headhuntinggesellschaft *ADMA* in Lyon betreut. Das Mitglied der Konzernspartenleitung, *Dr. Jürgen Meyer*, flog eigens nach Lyon, um die avisierten vier Kandidaten in Augenschein zu nehmen. Er erlebte jedoch eine komplette Pleite. Der beste Kandidat war als Buchhalter in einer kleinen Niederlassung eines Pharmaunternehmens tätig. Die Präsentation mußte nach wenigen Minuten vom Englischen in das Französische wechseln, weil sich die englischen Sprachkenntnisse als unzureichend erwiesen. Als *Dr. Meyer* nach den Erfahrungen des Kandidaten im Benchmarking oder bei der Anwendung von Kennzahlen zur Unternehmenssteuerung fragte, mußte der Kandidat passen. Auch die Vorstellung der drei weiteren Kandidaten verlief ähnlich. Keiner von ihnen verfügte über professionelle Controllererfahrung. Die Geschäftsbeziehung zwischen den beiden Partnern war damit beendet.

Ab und an machen Klienten auch die Erfahrung, daß Headhunter befürchten, zu viele von ihren Kontakten offenzulegen, die der Klient dann im Eigeninteresse verwenden kann. Auch das ist bei seriösen Headhuntern heute überhaupt kein Thema mehr.

Ein positives Beispiel erlebte der genannte *Dr. Meyer* mit einem Headhunter, obgleich dieser einen angebotenen Auftrag ablehnte. Es wurde wiederum für die Bespannungstechnik von

Voith ein Verkaufsleiter für Europa gesucht. Dieser sollte nicht aus einem der beiden stärksten Märkte, Deutschland und Frankreich stammen, aber beide Sprachen sprechen. Belgien, die französische Schweiz oder Skandinavien kamen in Frage. Nach einer Anfrage bei der deutschen Beratungsgesellschaft *Hofmann, Herbold & Partner* kam es zu einem ausführlichen Gespräch mit *Friedbert Herbold*. Am Ende verwies *Friedbert Herbold* darauf, daß er den Auftrag zwar übernehmen könne, dieser bei ihm jedoch länger dauern würde als bei anderen Gesellschaften. Das internationale Headhunternetzwerk, in dem seine Gesellschaft verankert ist, habe sich auf andere als das erforderliche Gebiet spezialisiert. *Dr. Meyer* hatte eine solche faire Antwort nicht erwartet. Diese professionelle Reaktion bringt es für die Headhunting-Gesellschaft in Königstein aber mit sich, zukünftig in die Überlegungen des Konzerns bei der Vergabe von Suchaufträgen einbezogen zu werden.

Hat der Kandidat im telefonischen Interview bestanden, hat er erst die Hälfte dieser Hürde gemeistert. Er muß dann dem Headhunter seine schriftlichen Unterlagen zusenden. Diese bestehen aus einem Lebenslauf, dem sogenannten **Curriculum Vitae** (allgemein kurz CV genannt), in dem vor allem die einzelnen Stationen des Berufslebens und dabei die wichtigen Karrierestufen interessieren. Es können dazu aber auch bereits Zeugnisse früherer Arbeitgeber oder ein Zwischenzeugnis des aktuellen Arbeitgebers und eine Beschreibung der momentanen Position gehören.

Der Headhunter wird ihm unter Umständen eine anonyme Beschreibung der zu besetzenden Position einschließlich der Eckdaten des Unternehmens zukommen lassen. Gegebenenfalls fügt er auch eine Selbstdarstellung seiner Beratungsgesellschaft bei, was jedoch bei den bekannten Headhuntern selten erforderlich ist.

Anhand dieser Informationen können dann beide Seiten entscheiden, ob eine Vertiefung des Kontakts in Form eines persönlichen Gesprächs von Interesse ist. Wenn ja, hat der Kandidat die erste Hürde überwunden.

Insgesamt muß der Kandidat fünf Runden überstehen:

1. Telefoninterview durch den Researcher,
2. persönliches Interview durch den Headhunter,
3. Vertraulicher Bericht an den Klienten,
4. Präsentation beim Klienten,
5. Vertragsverhandlungen mit dem Klienten.

IV. Die gefundenen Kandidaten werden durch den Headhunter interviewt und für den Klienten beurteilt.

Jetzt beginnt die eigentliche Arbeit des Headhunters am Kandidaten. Fast immer versucht der Headhunter mehrere Kandidaten ausführlich kennenzulernen.
Da angesichts der gefüllten Terminpläne sowohl des Headhunters als auch des Kandidaten ein Treffpunkt ausgewählt werden muß, der beiden entgegenkommt, bieten sich zumeist Hotels an.
Vor diesem Zusammentreffen kennt der Headhunter die wesentlichen Merkmale der beruflichen Erfahrung und die Einkommenshöhe des Kandidaten. Eventuell hat er auch bereits Hinweise auf charakterliche Eigenschaften erhalten. Erst jetzt kann er sich jedoch selber auch von der Persönlichkeit des Kandidaten ein Bild machen. **Der Headhunter muß fähig sein, sich innerhalb von ca. 60 Minuten die Gewißheit zu verschaffen, ob er seinem Klienten den Kandidaten auch empfehlen kann.** Gleichzeitig muß er ein Gespür dafür bekommen, ob der Kandidat tatsächlich an der neuen Aufgabe interessiert ist, damit er nicht weitere Energie aufwendet und durch Absagen in einem späteren Stadium seinen Klienten verärgert.
Immer noch ist die Vorstellung verbreitet – durch einige Headhunter fleißig gepflegt –, daß Berater mit jedem einzelnen Kandidaten mehrere Gespräche führen, in denen sie jede Facette, einschließlich des familiären Umfelds, überprüfen. Dazu gehören dann auch rührige Geschichten über ein Abendessen mit der Ehefrau. Das allermeiste davon ist Legende. Nur wenige Klienten, zumeist Privatunternehmer, erwarten eine derartige Überprüfung und dies nur bei absoluten Top-Positionen. In der

Regel muß der Headhunter seine Entscheidung nach dem ersten Gespräch fällen können. Zu weiteren Vorterminen hat er gar keine Zeit. Außerdem verfügt er nach einigen Jahren dieser Tätigkeit über genügend Erfahrung, um sich bereits in kurzer Zeit ein zutreffendes Bild machen zu können.

Die überwiegende Mehrheit der Interviews betrifft nicht die Position eines Vorstandsmitgliedes in einem Konzern. Die Interviews für das Mittelmanagement werden schnörkellos und zügig durchgeführt.

Auch der Headhunter kann seine persönlichen Eigenschaften nicht vollständig aus dem Suchprozeß entfernen, vor allem jedoch nicht seine persönlichen Interessen. Tendenziell bevorzugen Headhunter »handsome« Kandidaten. Das sind Persönlichkeiten, die

- es mit ihrer Kandidatur ernst meinen,
- auch mal ihren Terminkalender für Gespräche »verbiegen«,
- klare Aussagen über ihr eigenes Interesse machen und nicht pokern,
- in der Präsentation beim Klienten unverändert so »stark« auftreten wie auch schon im Vorgespräch mit dem Headhunter,
- das Beharrungsvermögen ihres Ehepartners, in der gewohnten Umgebung zu bleiben, überwinden,
- natürlich nach dem Start im neuen Job eine überzeugende Arbeit abliefern,
- sowie dabei die Garantiezeit des Headhunters von sechs bis zwölf Monaten überstehen, da ansonsten normalerweise eine kostenlose Ersatzsuche fällig ist und dann der betriebswirtschaftliche Erfolg des Headhunters »den Bach runter geht«.

Leider hat der Headhunter nur ausgesprochen selten das Vergnügen, derartigen Idealkandidaten zu begegnen.

Hat der Headhunter die ihm geeignet erscheinenden Kandidaten herausgefiltert, so stellt er diese in einer **Short List** für den Klienten zusammen.

Beispiel einer Short List

F. L.

- 34 Jahre
- Diplom-Kaufmann, Uni Köln
- seit 1987 Robert Bosch Gruppe
- Bosch Leinfelden
  - Trainee Einkauf
- Robert Bosch Automotive USA
  - Senior Einkäufer (DM 30 Millionen)
  - Leiter Einkaufsverbindungsstelle
  - Leiter Wertanalyse-Team Einspritzventil
- seit 1992 Bosch Interlaken
  - Gruppenleiter Einkauf Elektroregler
    - 10 Mitarbeiter
    - Volumen: DM 300 Millionen
- Sprachkenntnisse: Deutsch, Englisch
- derzeitiges Einkommen: DM 140 000

R. B.

- 41 Jahre
- Studium der Betriebswirtschaft (2. Bildungsweg), Schwerpunkt Materialwirtschaft, Abschluß Herbst 1995
- 10 Jahre Spedition Hoyer, Hamburg
  - Expedient Import/Export
  - Verkehrsleiter Import USA/Südamerika/Fernost
- 11 Jahre Mitsubishi Europe, Neuss
  - 2 Jahre Auftragsabwicklung/Einkaufsadministration
  - 9 Jahre Leiter Logistik/Einkauf/Service Ersatz- und Fertigteile

- seit 1993 Blaupunkt Autoradio, Pfungstadt (1200 Mitarbeiter, DM 260 Millionen Umsatz)
  - Leiter Materialwirtschaft (Einkauf/Logistik/Auftragsabwicklung)

- Sprachkenntnisse: Deutsch, Englisch

- derzeitiges Einkommen DM 170 000

L. V.

- 36 Jahre

- Masters Degree Logistik (NL)

- 4 Jahre Toshiba, Hilversum
  - Trainee
  - Import/Export
  - Leiter Lager/Produktionslogistik
    - Einführung JIT/40 Mitarbeiter

- 2 Jahre Botmar, Amsterdam (NL)
  Norwegisches Unternehmen; Maschinen und Anlagen zum Recyceln von Flaschen und Dosen
  - Leiter Produktions- und Distributionslogistik

- seit Januar 1993 Versita Distribution Company (NL)
  Unternehmen im Bereich Schiffsbedarf
  - Geschäftsführer der Einheit Rotterdamm = Zentrales Distributionszentrum der Versita weltweit
    - Verantwortung für 250 Stock Locations weltweit, 1000 Häfen und Schiffsbauer
    - 50 Mitarbeiter, DM 150 Millionen Volumen

- Sprachkenntnisse: Niederländisch, Deutsch, Englisch

- derzeitiges Einkommen: Hfl 200 000

P. K.

- 34 Jahre

- Diplomkaufmann, Uni Frankfurt

- seit 5 Jahren Lentjes AG, Düsseldorf
  - 1 Jahr Trainee
  - Sachbearbeiter Einkauf/Materialwirtschaft
  - Leiter Einkauf Hilfs- und Betriebsstoffe
    - 15 Mitarbeiter, DM 160 Millionen Volumen

- Sprachkenntnisse: Deutsch, Englisch

- derzeitiges Einkommen: DM 150 000

P. T.

- 33 Jahre

- Niederländer

- Studium der Betriebswirtschaftslehre

- seit 6 1/2 Jahren Philips, Breda und Zwijndrecht
  - 3 Jahre Projekt Manager Investitionsgüter
  - 3 Jahre Leiter Logistik in der Abteilung »Procurement« (Technische Teile/Zubehör)
    - 25 Mitarbeiter / DM 300 – 400 Millionen Volumen

- Sprachkenntnisse: Niederländisch, Deutsch, Englisch

- derzeitiges Einkommen: DM 140 000

F. Z.

- 39 Jahre

- Technischer Betriebswirt

- 2 Jahre Techbark GmbH, Ludwigsburg
  - Leiter Materialwirtschaft/Einkauf
    - DM 8 Millionen Volumen
    - 4 Mitarbeiter

- 4 1/2 Jahre Still, Hamburg (Flurförderfahrzeuge)
  - Abteilungsleiter Materialwirtschaft/Logistik
    - DM 35 Millionen Volumen
    - 22 Mitarbeiter

- Seit Mitte 1994 Mannstaedt + Reuter, Dreieich (Fertigungseinrichtungen)
  - Leiter Materialwirtschaft (Einkauf/Logistik) mechanische und elektrische Teile
    - DM 50 Millionen Volumen
    - 23 Mitarbeiter

- Sprachkenntnisse: Deutsch, Englisch

- derzeitiges Einkommen: DM 160 000

Eine derartige Short List über potentielle Kandidaten kann vor oder nach dem Interview erstellt werden. Sie ist aber nicht für alle Suchaufträge notwendig. Erforderlich ist sie jedoch bei der Suche nach Aufsichtsrats- oder Beiratsmitgliedern.
So umfaßte die Liste, die Ward Howell für die Suche eines Mitglieds des Verwaltungsrates des Schweizer *Ringier Verlags* aufstellte, 32 Namen. Der Headhunter konnte die Suche erfolgreich abschließen, da er *Hans-Olaf Henkel*, den früheren Chef von IBM in Deutschland und heutigen *BDI*-Präsidenten für diese Aufgabe gewinnen konnte.

Nach den Interviews fertigt der Headhunter für seinen Klienten über diejenigen Kandidaten, die er präsentieren möchte, einen schriftlichen Bericht an. Das ist im Grunde genommen ein Persönlichkeitsprofil des Kandidaten, in dem auch die einzelnen Karrierestationen, die Erfolge sowie die Gründe für den Wechsel aus anderen Unternehmen (einschließlich des aktuellen) enthalten sind.
Zumeist erhalten die Kandidaten keine Kenntnis von diesem schriftlichen Bericht, weil dieser auf die Bedürfnisse des Klienten abgestimmt ist. Der Headhunter würde damit seine indivi-

duelle Arbeitsmethode gegenüber dem Kandidaten offenbaren, der ihn ja nicht bezahlt. Selbstbewußte Headhunter stören jedoch diese Einwände überhaupt nicht. Sie sind souverän genug, dem Kandidaten auch den internen Bericht zu zeigen.
Die Klienten erwarten, daß ihnen vom Headhunter drei oder vier gleichwertige Kandidaten vorgeschlagen werden. Nicht selten ist der Headhunter jedoch dazu nicht in der Lage. Zum Teil kann er in der Kürze der Zeit gar nicht mehrere gleichwertige Kandidaten finden. Häufig ist er jedoch überzeugt, daß ein Kandidat sämtliche Voraussetzungen erfüllt und er diesen auch durchbringen will. Wozu sollte er sich also der Mühe unterziehen und noch weitere Kandidaten suchen!
Die weniger seriösen Headhunter, die nicht in der Lage sind, mit dem Klienten gleichberechtigt zu kommunizieren, nehmen deshalb Manager als reine Zählkandidaten (**Dummies**) in die Liste der vorgeschlagenen Manager auf. Der Klient erhält entweder Kandidaten, die ungeeignet sind oder die gar nicht diesen Job wollen, aber aus Freundschaft zum Headhunter das Spiel mitmachen.
Da diese Vorgehensweise weiter verbreitet ist, als viele Klienten und Kandidaten eigentlich unterstellen, wird sie auch so selten enttarnt. Sie ist erkennbar, wenn das vom Klienten vorgegebene Profil weitgehend nicht mit dem Kandidatenprofil übereinstimmt. Der Kandidat sollte sich deshalb das vorgegebene Suchprofil genau erklären lassen, um selber seine Stellung im Suchprozeß einordnen zu können und nicht als Versuchsballon für den Headhunter herhalten zu müssen.
Seriöse Headhunter werden niemals derartig vorgehen. Sie benötigen keinen »Dummy«. Sie sind stark genug, den Klienten davon zu überzeugen, daß es richtig ist, nur einen Kandidaten zu präsentieren.

Bei weitem nicht alle der so vorgestellten Kandidaten erhalten dann auch einen Termin beim Klienten. Etliche Kandidaten werden bereits auf Grund dieses Profils vom Klienten abgelehnt. Sie überstehen also nach dem telefonischen und dem persönlichen Interview die dritte Runde nicht.

Allerdings ist gerade die Akzeptanz aller schriftlich vorgeschlagenen Kandidaten zur Präsentation durch den Klienten ein Beleg für die Qualität des Headhunters. Gute Headhunter werden selten Ablehnungen erhalten.

In der Regel wird die Reiseplanung des Kandidaten, inkl. Flugtickets und der Fahrkarten, vom Büro des Headhunters organisiert. Er erhält vom Klienten seine Spesen ohnehin zu 100 Prozent zurück. Gegenüber dem Kandidaten erzeugt er damit jedoch ein Gefühl des Interesses und der Geborgenheit. Damit ist auch die Bereitschaft des Kandidaten größer, offen über sein zweites und drittes Gespräch mit dem Klienten, an denen in der Regel der Headhunter nicht mehr teilnimmt, zu berichten. Daraus kann der Headhunter wiederum korrektive Argumente und Maßnahmen gegenüber dem Klienten ableiten, um festgefahrene Verhandlungen wieder flüssig zu machen.
Zudem erkennt er, ob sein Kandidat durchkommt, oder ob er zu seinen Back-Ups greifen muß. Hierunter versteht man Kandidaten, die nicht unbedingt schlechter für die Aufgabe geeignet wären, dem Klienten aber noch nicht gezeigt wurden, weil sie entweder teurer als andere vorhandene sind oder gewisse Mobilitätsprobleme haben oder erst in der Endphase der Suche auftauchten und der Headhunter den Klienten nicht mit zu vielen gleichwertigen Kandidaten verwirren will.
Ein kluger Headhunter erspart dem Klienten, den Kandidaten und sich selbst viel Zeit damit. Es ist ein Mißverständnis, daß der Klient alle vorhandenen Kandidaten selbst sehen muß, denn in der Regel verfügt der Headhunter über viel größere Erfahrungen und Routine in der Auswahl und Bewertung des genau richtigen Kandidaten, wofür er ja auch bezahlt wird.

Ein typischer vertraulicher Bericht

Vertraulicher Bericht
über

P. F.

Kandidat für die Position

Marketing Direktor

H. F. & Ph. F. Reemtsma GmbH & Co. Hamburg

Bewerberprofil

Name	P. F.
Adresse	Hamburg
Telefon	
Interviewpartner	Dr. Rolf Dahlems
Ort des Interviews	Düsseldorf
Datum des Interviews	Februar 1995

Persönliche Daten

Alter	38 Jahre (geb. 14. 02. 1957)
Familienstand	verheiratet, 1 Kind
Nationalität	Deutscher
Mobilität	gegeben
Sprachkenntnisse	Deutsch – Muttersprache Englisch – fließend Französisch – fließend Spanisch – gute Kenntnisse

Berufliche Daten

Derzeitiges Gehalt	DM 270 000 plus Firmenwagen
Gehaltsvorstellung	angemessene Steigerung
Kündigungsfrist	6 Wochen zum Quartalsende
Verfügbarkeit	01. 07. 1995

Aus- und Weiterbildung

1979 – 1984	Studium an der Universität Darmstadt – Abschluß: Diplom Wirtschaftsingenieur
1986 – 1987	Business School INSEAD, Fontainebleau – Abschluß: MBA

Beruflicher Werdegang

10/84 – 07/90	Schwartzkopf GmbH, Hamburg
10/84 – 05/85	Trainee in Marketing und Vertrieb
05/85 – 06/86	Haarpflege – Assistant Productmanager
10/87 – 03/89	New Products – Product Manager
03/89 – 07/90	Haarpflege – Marketing Manager
07/90 – 05/93	Haarpflege und Körperpflege – Category Manager
seit 05/93	Zentis GmbH, Aachen – Marketingleiter

Berufliche Erfahrungen

Herr F. ist gebürtiger Hamburger, wuchs dort auf und absolvierte an der Universität Darmstadt sein Studium zum Diplom Wirtschaftsingenieur.

Nach Beendigung seines Studiums begann er im Oktober 1984 ein Trainee-Programm bei Schwartzkopf in den Bereichen Vertrieb und Marketing. Im Mai 1985 trat er als Assistant Productmanager in den Bereich Haarpflege ein. Hier war Herr F. für die Konzeption der New Style Range, einer Produktlinie für junge Leute, verantwortlich. Bereits nach drei Jahren erzielte diese von ihm entwickelte Range einen Umsatz von DM 40 Millionen.

Im Anschluß hieran besuchte er die Business School INSEAD, Fontainebleau, die er mit dem MBA im September 1987 abschloß. Im Oktober 1987 trat er erneut bei Schwartzkopf ein, in den Bereich New Products, und übernahm hier die Position des Product Managers. Herr F. war u. a. für eine europäische Markteintrittsstrategie für ein Waschmittel zuständig, welches allerdings dann nicht eingeführt wurde, sowie für die Testmarkteinführung eines Wasserenthärters. Darüber hinaus gehörten 2 europäische Shampoo-Linien zu seinem Verantwortungsbereich, u. a. war er für die Einführung des Fresh-Shampoos zuständig.

Im März 1989 wechselte Herr F. wieder in den Bereich Haarpflege, wo er als Marketingleiter für die gesamte Markenstrategie der Serie BEAUTY zuständig war. Er betreute einen Umsatz von DM 120 Millionen und führte 4 Mitarbeiter. Er war für die Konzeption und Einführung neuer Produkte (2 in 1 Shampoos, Haarlacke) verantwortlich und hat den Relaunch von Pumphaarsprays vorbereitet.

Seine Etatverantwortung zu dieser Zeit betrug DM 15 – 20 Millionen.

Im Juli 1990 übernahm er als Category Manager für den gesamten Bereich Haarpflege und Körperpflege die Verantwortung für einen Umsatz von DM 250 Millionen und 8 Mitarbeiter. In dieser Zeit war Herr F. Mitglied des Euro-Boards. Er führte den »Schwartzkopf Euro-Relaunch« (Duschbäder, Cremes und Lotions) durch und konnte hiermit eine 36 %ige Umsatzsteigerung sowie die Einführung der Produkte in mehreren europäischen Ländern erreichen. Im Bereich Rasiermittel führte Herr F. ebenfalls einen Relaunch durch und sorgte dafür, daß europaweit ein standardisiertes Sortiment (12 Artikel) geführt wurde.

Am BEAUTY-Relaunch sowie an der Einführung neuer Produkte in diesem Segment war er auch maßgeblich beteiligt. Herr F. berichtete von einigen Erfolgen in dieser Zeit, wie z. B. eine 20 %ige Deckungsbeitragssteigerung.

Im Mai 1993 nahm Herr F. das Angebot der Zentis GmbH, dort als Marketingleiter für das gesamte Markenartikelgeschäft Deutschland tätig zu werden, an. Hier verfügt er über einen Marketingetat von DM 35 Millio-

nen, ist für DM 550 Millionen Umsatz verantwortlich und führt 12 Mitarbeiter. Durch die Einführung neuer Produkte, wie z. B. Frucht-Desserts, und den Einstieg in neue Vertriebskanäle (so wurde z. B. die Marke Lek-ker-Biß neu positioniert) konnte ein zusätzlicher Umsatz von DM 40 Millionen erzielt werden. Durch den Relaunch mehrerer Produktlinien (Konfitüre sowie Rote Grütze) konnte darüber hinaus eine 25 %ige Umsatzsteigerung erreicht werden. Auch im Marketingprogramm Knacki mit einem Etat von DM 10 Millionen konnte der Umsatz durch eine kleinere Verpackung sowie Knacki for Kids um 15 % gesteigert werden.
Auf die Position bei unserem Klienten angesprochen, reagierte er sehr positiv, weil er glaubt, daß hier mittelfristig deutlich interessantere Weiterentwicklungsmöglichkeiten für ihn bestehen.

Bescheibung und Beurteilung
Herr F. ist ca. 1,80 m groß, schlank und hat dunkle Haare. Zum Interview erschien er gut gekleidet in Anzug.
Herr F. ist ein »High-Speed«-Denker und geht locker und entspannt ins Gespräch. Sein hoher Antrieb sowie seine überdurchschnittliche Intelligenz werden sofort deutlich.
Er kommt im Gespräch direkt zum Punkt und seine direkte, fast »freche«, aber dennoch nette Art wirkt angenehm und sympathisch auf den Gesprächspartner.
Ich halte ihn für einen exzellenten Marketing-Mann, der solide internationale wie nationale Verantwortung in angesehener Markenartikel-Umgebung getragen hat.
Er hat bisher hohe Etats gesteuert und immer wieder bewiesen, daß er in der Lage ist, existierende wie neue Marken erfolgreich in den Markt zu etablieren.
Meiner Meinung nach hat er noch lange nicht die Spitze seines Potentials erreicht.
Aus diesem Grunde empfehle ich ein Gespräch mit Herrn F.

vb458

V. Nach Abstimmung mit dem Klienten erfolgt die erste Vorstellung der Kandidaten und die Einholung von Referenzen.

Die bisherige Tätigkeit des Headhunters bestand im wesentlichen in der Suche und der Vorauswahl geeigneter Kandidaten. Jetzt schlägt für ihn die Stunde der Wahrheit. Im Gespräch mit dem Klienten wird es sich erweisen, ob sein ausgewählter Kandidat auch das hält, was sich der Headhunter von ihm verspricht.

Auf dieses Gespräch muß der Headhunter den Kandidaten gründlich vorbereiten. Er muß ihm die offiziellen Informationen über das Unternehmen zur Verfügung stellen, und er muß ihn über seinen Eindruck vom Klienten informieren. Das immer wieder vorgebrachte Argument »rein ins Wasser und schwimmen« ist haltlos. Während im ersten Gespräch der Headhunter nach Möglichkeit seine eigene Persönlichkeit nicht hervortreten läßt, hat der Klient dazu gar keine Veranlassung. Er erwartet, daß sich der Kandidat auf ihn einstellen kann.

Jeder Manager weiß sicherlich aus eigener Erfahrung, daß mehr als nur einmal in seiner Karriere sein erstes Gespräch mit einem Unternehmer oder einem Vorstand eigentlich hätte optimaler verlaufen können. Bevor er die anfänglichen Irritationen über das Auftreten oder die Fragestellungen seines Gegenüber bewältigen konnte, war das Gespräch schon vorbei.

Eine gründliche Einstellung des Kandidaten auf die Persönlichkeit des Klienten ist eine wesentliche Voraussetzung für den Erfolg des ersten Vorstellungsgesprächs.

Das hat nichts mit einem Verstellen des Kandidaten zu tun. Der Klient hat für den ersten Eindruck nur eine eng begrenzte Zeit zur Verfügung, um dann zu entscheiden, mit welchem Kandidaten er weiter verhandeln möchte. Diese kurze Möglichkeit darf nicht leichtfertig verspielt werden, denn eine zweite gibt es nicht. Nur wer diese erste besteht, erhält die Chance, das Unternehmen etwas gründlicher kennenzulernen.

An diesen ersten Eindruck erinnern sich beide Parteien noch längere Zeit. Er ist vergleichbar mit den Eindrücken, die wir

haben, nachdem wir erstmalig auf Kunstwerke oder Landschaften gestoßen sind, oder auch unser erstes Zusammentreffen mit Institutionen und erste Erlebnisse im unmittelbaren menschlichen Erfahrungsbereich, wie Essen und Trinken oder Liebe auf den ersten Blick bzw. das erste Mal. Lange bleiben wir dann von der Wertung dieses ersten Eindrucks bestimmt und gehen ohne weiteres Überprüfen von der Richtigkeit und Gültigkeit unseres Eindrucks aus. Dabei beziehen wir nicht nur unsere verbale Kommunikation aus diesem kurzen Erlebnis ein, sondern auch unsere Eindrücke von der nonverbalen Kommunikation. Das Äußere eines Menschen wird Teil unseres Beurteilungsprozesses. Diese Reaktionen sind nicht einseitig, sondern immer wechselseitig, auch wenn dies nicht jeder der beiden Seiten bewußt ist.
Bei einem namhaften Hersteller von isotonischen Sportgetränken in Nordrhein-Westfalen war zur Präsentation nur der Personaldirektor und nicht auch der angekündigte Geschäftsführer erschienen. Der Kandidat für die Position des Marketingdirektors wurde in höflicher Form um Verständnis gebeten, daß der Geschäftsführer wegen eines unerwarteten Auslandstermins nicht anwesend sein konnte. Er würde sich aber am gleichen Abend noch persönlich bei ihm melden. Der Kandidat war ob dieser »Behandlung« so empört, daß er aufstand und wortlos den Raum verließ. Weder der Berater von *Ward Howell* noch der Klient hörten jemals wieder von ihm.

Für den Headhunter ist dieses Gespräch auch aus einem ganz anderen Grund, als nur den, seinen Kandidaten bestätigt zu sehen, von großer Bedeutung. Aus jedem Gespräch, in dem sein Kandidat abgelehnt wurde, geht er mit einem größeren Wissen über die Intentionen des Klienten heraus. Das trifft selbst dann zu, wenn er schon mehr als nur einmal für den Klienten gearbeitet hat. Beispielsweise kann er Präzisierungen am Anforderungsprofil für die Position vornehmen. Ebenso kann es möglich sein, daß er den Klienten weiter beraten muß, weil dessen bisherige Vorstellungen, z. B. über das Gehalt, sich als nicht realisierbar erweisen. Er lernt die Strategie des Unternehmens besser kennen und

kann es deshalb auch besser beraten, wie innerhalb dieser Strategie die Schlüsselpositionen besetzt werden können.
Die erste Schwierigkeit besteht für den Headhunter darin, einen für alle drei Seiten geeigneten Termin und gegebenenfalls auch passenden Ort zu finden. Der Headhunter ist darin sehr flexibel. Treffen an Wochenenden in Hotelhallen gehören zu seinem Alltag. Haben die beiden anderen Seiten ein wirkliches Interesse, sollte innerhalb eines kurzen Zeitraumes (ca. 14 Tage) ein Zusammentreffen möglich sein. Wer behauptet, innerhalb der nächsten sechs Wochen vollständig »ausgebucht« zu sein, bekundet nur sein geringes Interesse. Wenn der Kandidat glaubt, daß der Klient (Vorstände, Geschäftsführer, Human Ressources Manager, zukünftige Kollegen und Vorgesetzte) grundsätzlich von Terminen nach 19.00 oder 20.00 Uhr begeistert ist, wird er seinem Traumjob nicht viel näher kommen.
Alle Beteiligten haben zwar Verständnis für einen vollen, stressigen Alltag, aber der Wille und die Fähigkeit, Termine machbar zu machen, muß evident sein.
Der Berater ist in der Präsentation immer der objektive Beobachter, während die anderen Teilnehmer subjektiv unmittelbar engagiert sind. Zumeist hat der Headhunter die Möglichkeit, das Gespräch zu steuern. Selbst bei einem Klienten mit einer starken Persönlichkeit sind seine Möglichkeiten nicht zu unterschätzen. Wenn er bemerkt, daß das Gespräch für seinen Kandidaten eine negative Wendung nimmt, kann er entweder gegensteuern, oder wenn er erkennt, daß der Kandidat nicht zu halten ist, das Gespräch alsbald beenden.
Die Mehrzahl der Präsentationen verlaufen jedoch nicht kritisch. Viel seltener als oft von Kandidaten vermutet, werden gute Kandidaten abgelehnt. Außerdem darf man nicht verkennen, daß der Headhunter leidenschaftslos sein muß. Würde er sich immer auf »seinen« Kandidaten kaprizieren, also auf den, der ihm als der geeignetste erscheint, würde er die vielen Enttäuschungen gar nicht verkraften können. Es ist eine der schwierigen Künste des Headhunters, seine persönlichen Intentionen zurücktreten zu lassen. Auch dieser Zwang macht einen Teil der eigenartigen Persönlichkeit des Headhunters aus.

Der Headhunter erbringt eine Dienstleistung, aber er hinterläßt kein Lebenswerk. Es ist für die Kinder nichts Vorzeigbares vorhanden. Im Grunde genommen wird er nur benutzt. Bereits nach kurzer Zeit interessiert niemanden mehr, ob er *Berthold Beitz* auf *Gerhard Cromme* aufmerksam gemacht hat. Nach einigen Jahren erfolgreicher Headhuntingtätigkeit registrieren die echten Persönlichkeiten unter den Headhuntern diese Situation. Sie versuchen dem zu entgehen, indem sie ihre intellektuellen Fähigkeiten nicht einseitig auf das Headhunting konzentrieren. Einige gründen eigene Firmen auf Randgebieten oder entwickeln einen ausgeprägten Sinn für kulturelle Engagements, und andere bringen Menschen mit gänzlich unterschiedlichen Berufen zusammen, um geistige Einseitigkeiten zu überwinden.

Letztendlich dient aber all das auch dem Headhunter, sich auf sein Tagesgeschäft einzustellen. Mühevoll sind dabei diejenigen Klienten, die mit immer neuen Argumenten die Kandidaten reihenweise ablehnen, weil sie sich nicht entscheiden können oder weil der Entscheidungsweg im Unternehmen zu kompliziert ist. Über derartige Klienten machen unter den Headhuntern Geschichten die Runde, weil irgendwann jede Headhuntingorganisation mit viel Pomp von diesem speziellen Klienten einen Auftrag erhält.

Auch dafür soll *Hugo Mann* bekannt sein. Weil er selbst Top-Kandidaten mit den unglaublichsten Argumenten reihenweise ablehnte, gilt er als unberechenbarer Klient und ist der Schrekken so mancher Headhunter. So hat er einmal einen Kandidaten mit dem Hinweis auf seine »krummen Zähne« aus dem Rennen geworfen. Dieser »gescheiterte Kandidat« ist heute Vorstandsvorsitzender eines der bedeutendsten Industrieunternehmen Deutschlands. Allerdings ist man in einem solchen Fall geneigt zu sagen, daß er glücklicherweise abgelehnt wurde.

Je höher in der Unternehmenshierarchie die offene Position angesiedelt ist, desto öfters kommt es vor, daß nach der ersten Vorstellung noch weitere Gespräche erforderlich werden.

Der Klient will den Kandidaten mit seinen Geschäftsleitungskollegen bekanntmachen und die Reaktionen auf den Kandidaten einholen. Häufig werden dann auch Details der zukünftigen Geschäftstätigkeit diskutiert. In diese Gespräche ist der Headhunter zumeist nicht mehr eingebunden.

Wenn sich der Klient dann für einen Kandidaten entschieden hat, muß der Headhunter noch Referenzen über ihn einholen. Der Stellenwert von Referenzen wird oft falsch eingeschätzt. In dieser Phase des Headhunting haben sie nur noch eine begleitende und ergänzende Bedeutung. Viele Referenzen werden jedoch indirekt, ohne als solche vom Headhunter gekennzeichnet zu sein, schon in den ersten Phasen der Suche eingeholt. Zu diesem Zeitpunkt sind sie oft entscheidend. Dazu werden umfangreichere Informationen in Kapitel 10 geliefert.

VI. Der Headhunter begleitet die Vertragsverhandlungen und hält in den ersten Monaten nach Tätigkeitsbeginn Kontakt zu beiden Seiten.

Hat der Klient eine Entscheidung getroffen, beginnt die Phase der Vertragsverhandlungen. Das ist die Phase, in die der Headhunter am wenigsten direkt involviert ist. Er greift nur auf Wunsch einer der Parteien ein. Häufig berät er jedoch beide Seiten aus dem Hintergrund heraus. Der Kandidat will einen für ihn sehr günstigen Vertrag, der zumeist die bisherigen Vorstellungen des Klienten übersteigt. Es ist eine der Aufgaben des Headhunters, zu einem Kompromiß beizutragen. In der Realität steht er jedoch immer mehr auf seiten des Kandidaten. Das nimmt sich eigenartig aus, wird er doch vom Klienten bezahlt. Wenn sein Kandidat mit seinen Forderungen an der starren Haltung des Klienten scheitert, muß er ohne zusätzliches Honorar weiterarbeiten. Er hat ein essentielles Interesse daran, seinen Kandidaten nicht scheitern zu sehen. Darum ist er in dieser Phase immer der Anwalt des Kandidaten. Es ist nicht sein Geld, welches der Klient zusätzlich aufwenden muß. Ein höheres Gehaltsniveau im Management bedeutet für ihn langfristig

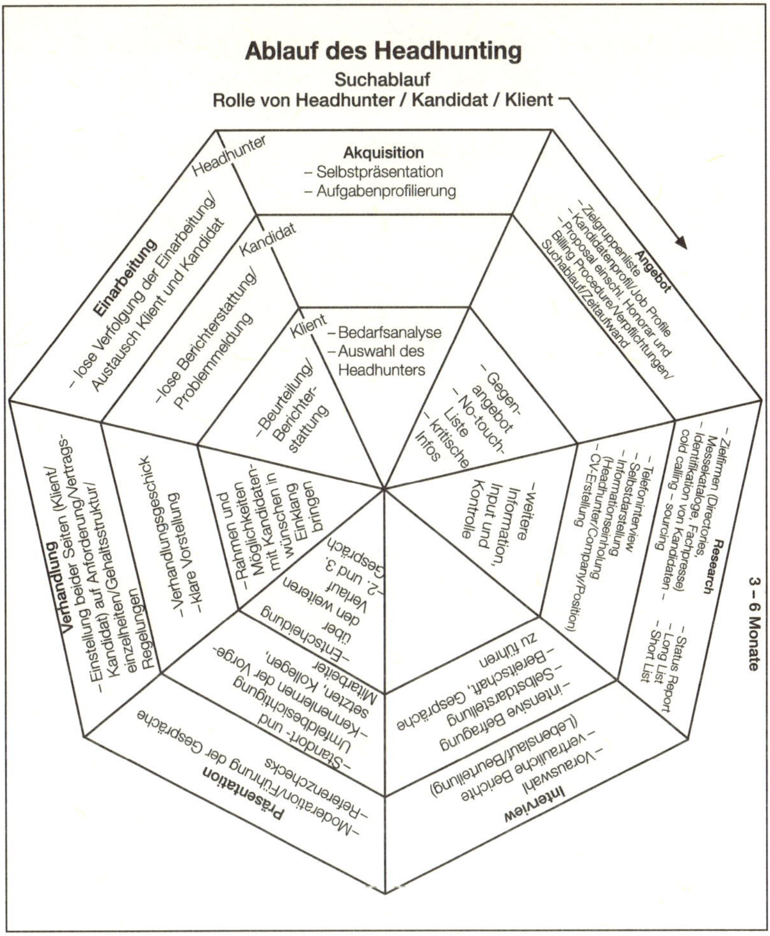

auch ein höheres Honorar. Sicherlich muß er immer einen gewissen Kompromiß finden – oder noch besser, die richtige Argumentation für die Forderungen des Kandidaten –, weil er sein Verhältnis zum Klienten auch nicht aufs Spiel setzen kann.

Der erfahrene Klient berücksichtigt die Intention des Headhunters in den Vertragsverhandlungen und bespricht sich mit ihm rechtzeitig bzw. bittet ihn um aktive Unterstützung.

Der Headhunter ist für beide Parteien auch der ideale Ansprechpartner, weil er eine Übersicht über die Marktbedingungen hat, die weder der Kandidat noch der Klient erreichen können.
Die Erfahrung zeigt, daß Vertragsverhandlungen um so schwieriger sind, je größer und damit oft bürokratischer der Klient ist und je niedriger die Managementposition angesiedelt ist. Es gibt dann nicht selten Normen auf der Unternehmensseite, die nur geringen Spielraum zulassen.
Konzerne wie *Siemens* oder *Bayer* suchen bereits seit Jahren Seiteneinsteiger, um konsumgüternahe Bereiche aufzubauen bzw. vorhandene zu verstärken oder auch um eine andere Kreativität in das Unternehmen einfließen zu lassen. Häufig ist diese Absicht an den unterschiedlichen Kulturen gescheitert. Die Konzerne waren nicht bereit, hochbegabten jungen Managern aus anderen Unternehmen ein ausreichend hohes Gehalt anzubieten. In Firmen wie *Sony* oder *Procter & Gamble* lagen die Gehälter für diese Personengruppe aber über dem Niveau vieler deutscher Konzerne, sei es weil diese Manager eine bessere Ausbildung hatten, weil sie weitaus flexibler agieren mußten oder auch weil sie täglich ein höheres Erfolgsrisiko eingingen. Der Headhunter konnte seinem Klient nie eine optimale, sondern immer nur suboptimale Lösung anbieten. Zwar hat sich bei etlichen Unternehmen diese Situation allmählich geändert, aber sie entspricht noch immer nicht den internationalen Standards.
Jüngstes Beispiel dafür liefert die Zentrale eines britischen Weltunternehmens, welches im Anlagenbau der Nahrungsgüterindustrie auch in Deutschland tätig ist. Die Zentrale hatte eine weltweite Car Poliy eingeführt, nach der Führungskräfte nur noch *Ford-Modelle* als Dienstwagen zu fahren hatten. In einem konkreten Fall ist die Zusage eines Kandidaten für die Position des Vertriebsdirektors an dieser Politik gescheitert. Bezeichnenderweise umging der Vorstand jener Unternehmensgruppe elegant diese Vorschrift, indem sie Jaguars fuhren. *Jaguar* ist seit einigen Jahren eine *Ford*-Tochter.
Bei Top-Management-Positionen gibt es dagegen einen sehr

Fringe Benefits

1. Gehalt

- Zusage, Nebentätigkeiten übernehmen zu dürfen (Aufsichtsrats- und Beiratsmandate)
- Übernahme von Weiterbildungskosten
- Festgehalt + variable Teile (Bonus, Tantiemen)
- umfangreiche Altersversicherung
- zusätzliche Möglichkeit, preisgünstig Anteile am Unternehmen zu erwerben bzw. eine Option darauf

2. Auto

- kostenloses Tanken
- kostenlose Wartung des Autos
- Dienstwagen auch für private Nutzung
- Übernahme der Haftpflicht- sowie Kaskoversicherung
- Kostenübernahme für Einbau und Betrieb eines Autotelefons
- kostenlose Winterreifen und Schneeketten
- Sonderparkplatz
- Wagenpflege während des Tages
- Fahrer mit exzellenter Schulung (Schleudertraining, Verhalten bei Überfällen etc.)
- Fahrer und Zweitwagen für die Frau und Familie

3. Büro

- privater Aufzug
- 2 bis 3 Sekretärinnen
- persönlicher Assistent/Referent
- Zimmerausstattung nach Wunsch (Antiquitäten, antike Teppiche, Originalgemälde)
- privates Bad/WC
- privato Kücho und Bar
- privater Koch (auch für zu Hause), privates Speisezimmer

4. Reisen

- First-Class-Flüge
- Firmenflugzeug
- Chefsekretärin reist mit

- persönlicher Arzt reist mit
- Dienstwagen fährt mit Fahrer vor und holt am Flughafen ab
- Fahrer fährt Dienstwagen zum Urlaubsort, fliegt zurück und holt den Wagen nach dem Urlaub ab; Chef fliegt heim
- Limousinen-Service vom Flughafen zum Hotel
- Präsidenten-Suite im Hotel
- Kosten des Urlaubs werden übernommen

5. Haus

- Dienstwohnung zu reduzierter oder ohne Miete
- Umzugs-/Maklerkosten
- Dienstvilla wie oben
- Einbau von Sicherungsmaßnahmen mit Komforteffekt in vorhandenes Haus (Zäune, Videoüberwachung, Fernbedienung von Tor und Garage, Alarmanlage, Beleuchtung, Schallschutz zur Straße)
- Bau von Wachräumen für Bodyguards
- Einbau eines Weinkellers in das vorhandene Haus
- Umbau des vorhandenen Hauses zur Steigerung der »Repräsentation«
- Bezahlung, Ausbildung und angemessene Unterbringung (»Hundehütte«) für den Wachhund
- Pförtner für das private Grundstück
- Gärtner und Hauspersonal: Koch, Service, Weinkeller, Kindermädchen

6. Persönliches

- Bodyguards
- Versicherungen (Unfall, Manager-Haftpflicht, Lebensversicherung, Reisegepäck)
- Gesundheitscheck in der Mayo-Klinik in den USA
- Fahrer bringt Kinder zur Schule und holt sie ab
- günstige Firmenkredite
- Übernahme der Kosten von persönlichen Einladungen und bei Teilnahme von (auch potentiellen) Geschäftspartnern
- Übernahme von Anwaltskosten
- Übernahme von Schulkosten für die Kinder
- Club-Mitgliedschaften (Golf, Tennis, Rotarier, Lions etc.) werden übernommen

großen Spielraum für die Verhandlungen. Einem Top-Mann oder einer Top-Frau, die ein Unternehmen unbedingt haben will, stehen neben einem hohen Gehalt eine schier unendliche Auswahl von Sonderleistungen, die sogenannten **Fringe Benefits**, zur Verfügung. Der Phantasie sind hier fast keine Grenzen gesetzt.

Die Übersicht auf Seite 105 – 106 gibt Beispiele für Fringe Benefits wieder, die alle aus der Realität der Beratungsarbeit stammen. Etliche muten kurios an, aber sie sind wirklich gefordert und auch erfüllt worden. Einige betreffen nur absolute Top-Positionen (z. B. die Hausregelungen), andere sind auch auf mittlerer Ebene gang und gäbe (z. B. die Versicherungen). Einige Regelungen bewegen sich an der Grenze dessen, was moralisch in der Öffentlichkeit noch vertretbar ist. Wobei darauf zuerst die Arbeitnehmer des Unternehmens mit Unverständnis reagieren.

Wenn man sich vorstellt, daß einige Top-Manager durchaus fast alle der angeführten Vergünstigungen in Anspruch nehmen, dann kann man durchaus den Eindruck einer Selbstbedienungsmentalität erhalten. Einer hat es jedoch dann sehr leicht mit dem Manager: sein Steuerberater. Der hat nämlich nichts mehr zum Absetzen.

In manchen Fällen können sich die Vertragsverhandlungen wochenlang hinziehen.

Plötzlich will der Kandidat keine Probezeit akzeptieren. Die zu vereinbarende Kündigungsfrist ist ihm zu kurz. Das Dienstauto ist ihm zu klein und seine Frau will nun partout nicht so schnell umziehen.

Es kann sich auch herausstellen, daß der alte Arbeitgeber den Kandidaten doch nicht so schnell freigibt oder die Wettbewerbsklausel des alten Arbeitsvertrages sich doch enger als gedacht erweist.

Es ist ausgesprochen mißlich für den Headhunter, wenn die Verhandlungen dann letztlich doch noch scheitern. Die erwartete Completion des Auftrags ist also ausgeblieben. Er muß wieder von vorn anfangen. Aus diesem Grund bemüht er sich immer darum, weitere Kandidaten in Reserve zu halten. Diese **Back-**

Up-Kandidaten waren von ihm vielleicht nur auf Platz zwei oder drei gesetzt. Es geschieht jedoch häufig, daß er noch während der Präsentation neue Kandidaten kennenlernt. In jedem Fall sollte er jeden Kandidaten, den er für prinzipiell geeignet hält und dem er nicht abgesagt hat, über den Stand der Verhandlungen mit dem Klienten informiert halten.

Der ehemalige Personalvorstand eines bedeutenden Kosmetik- und Reinigungsmittelproduzenten wurde telefonisch zu Haus von dem Seniorchef des gleichnamigen traditionsreichen deutschen Beratungsunternehmens auf die Position des BDA-Hauptgeschäftsführers angesprochen. Danach hörte er wochenlang nichts mehr von der Beratungsgesellschaft. Als er in der Zeitung las, daß die Position mit dem *CDU*-Abgeordneten *Reinhard Göhner* besetzt wurde, war dies für ihn nicht gerade ein Beleg für ein professionelles Verhalten des Headhunters.

Etliche Headhunter werben indirekt damit, daß sie sich auch noch nach dem **Placement**, also dem Vertragsabschluß, für einige Monate um beide Parteien, sprich um das Hineinleben des Kandidaten in sein neues Unternehmen kümmern. Zumeist ist dies reine Werbung. Mehr als ein oder zwei Telefonate sind schon aus Zeitgründen gar nicht machbar, und auch diese dienen von seiten des Headhunters vor allem der Kontaktpflege. Sicherlich kann er in manchen schwierigen Einarbeitungsfällen mit seiner Erfahrung psychologische Hilfestellung leisten, selten jedoch mehr. Etwas anderes ist es, wenn eine der beiden Seiten ihn um Hilfestellung bittet. Dann muß er aus eigenem Interesse heraus wirksam werden. Derartige Probleme tauchen jedoch nur vereinzelt auf.

Die Interessen des Kandidaten im Headhunting

9

Das Telefonat mit dem Researcher

Relativ selten wird der Kandidat die Ehre haben, im ersten Kontakt vom Headhunter höchstpersönlich angerufen zu werden. Das ist nicht die Aufgabe des Headhunters, sondern die hochqualifizierter Researcher. Deshalb verbietet sich ein rüder Ton, aus Gleichgültigkeit gegenüber dem unbekannten Wesen, welches sich da erdreistet, direkt zum Manager vorzudringen. Wer nicht von den Researchern empfohlen wird, kommt auch nicht weiter.

Auch das Spiel, echtes Interesse vorzutäuschen, um nur einmal zum Gespräch eingeladen zu werden, durchschauen Headhunter und Researcher schnell. In einem neuen Suchauftrag würde ein solcher Manager nicht noch einmal einen Anruf erhalten.

Der Kandidat muß davon ausgehen, daß trotz mühseliger Vorarbeit der Researcher meist nicht mehr als seinen Namen, seine Position und mit viel Glück seine Durchwahl herausgefunden hat. Der erste Kontakt ist deshalb in der Regel nur über ein Gespräch im Büroumfeld möglich. Häufig wird der Zeitpunkt des Anrufes nicht gerade »glücklich« sein. Es muß viel probiert werden, um den ersten Kontakt zustande zu bringen. Oft ist als erste Haupthürde die Sekretärin zu überwinden.

Der Kandidat muß entscheiden, ob die Situation passend ist.

Sitzt er in einer Besprechung?

Ist er vertieft in die Vorbereitung einer wichtigen Aufgabe?

Könnte er jeden Augenblick gestört werden?

Sitzen ihm gerade Kollegen gegenüber, mit denen er vielleicht ihre berufliche Entwicklung im Unternehmen bespricht?
Geheimnisvolles Flüstern oder Zischen aus Angst, ein Kollege könnte mithören, sind keine adäquaten Reaktionen. Jeder Researcher hat Verständnis, wenn ein Telefontermin zu einem späteren Zeitpunkt vereinbart wird.
Die guten Researcher wissen die Professionalität eines Kandidaten zu schätzen, wenn sie hören: »Schatz, jetzt ist es gerade ungünstig, könntest du mich in einer Stunde noch einmal anrufen?«
Dagegen werden Schweißausbrüche und hektisches Babbeln den Kollegen einen Fingerzeig geben, worum es sich in dem Anruf gehandelt hat. Wer sich ein paar Pluspunkte erschleichen möchte, kann natürlich auch abwimmeln: »Herr Headhunter, ich fühle mich in der Firma hier sehr wohl!« Doch das wäre gegenüber diesem Headhunter sehr kurzfristig gedacht. Vielleicht verspürt er eines Tages eine gewisse Schadenfreude, wenn genau dieser Manager sich an ihn wendet, weil sein Karriereweg intern blockiert ist. Manager sollten niemals vergessen, daß ein gutes Namensgedächtnis, noch dazu verbunden mit einem Ereignis, eine grundlegende berufliche Eigenschaft des Headhunters ist.
Wichtig ist es, daß der angerufene Manager klar zum Ausdruck bringt, ob er jetzt oder lieber zu einem späteren Zeitpunkt das Telefonat fortsetzen möchte. Einen weiteren Termin, gegebenenfalls auch im privaten Umfeld, wird ein Researcher sofort vereinbaren können, und das hat zudem auch noch den Vorteil, daß der Manager vorbereitet und entspannt den Ausführungen des Researchers zuhören kann.
Übrigens, viele der großen und internationalen Executive-Search-Firmen sind dem Management in Deutschland ohnehin bekannt. Bei Anrufen aus diesen Häusern lohnt sich das Zuhören besonders, und an deren Seriosität besteht ja hier auch kein Zweifel.
Wer sich entscheidet, sofort zuzuhören, sollte dies dann aber auch wirklich tun und dabei nicht vergessen, daß der erste Eindruck zählt. Es ist schwer, einen erfahrenen Researcher mit

vorgetäuschter Wichtigkeit zu beeindrucken. Zwischenrufe, wie »Frau Müller, hier sind die Dokumente für den Aufsichtsratsvorsitzenden...« **(name dropping)**, oder halbes Interesse vorspiegeln, indem deutlich hörbar weiter am PC gearbeitet wird, oder übertriebene Selbstdarstellung mit dem Hinweis »Erzählen Sie ruhig aber ich warne Sie, ich bin verdammt schwer zu kriegen!« beeindrucken ihn nicht, sondern lassen das Interesse eher schrumpfen.

Der Manager disqualifiziert sich nicht, wenn er spontan allgemeines Interesse äußert. Natürlich kann man auch übertreiben: »Prima Sache, wann kann ich denn vorbeischauen?« Es erleichtert dem Researcher die weitere Gesprächsführung, wenn er das Gefühl hat, daß es sich lohnt, an dieser Stelle weitere Informationen preiszugeben.

Ansonsten ist es am sinnvollsten, daß die Fragen auf das eigentliche Thema zielen. Keinesfalls sollte die erste Frage lauten »Woher haben Sie eigentlich meinen Namen?« Das verrät geringe Erfahrung und Professionalität im Umgang mit Headhuntingorganisationen. Wenn eine Quelle offenbart werden kann, wird auf eine im Gespräch en passant geäußerte Frage auch eine konkrete Antwort folgen. Erfolgt eine ausweichende Antwort, sollte dieses Thema nicht weiter berührt werden.

Fragen zum Unternehmen

Zumeist erfährt der Manager in einer ersten kurzen Skizze wichtige Informationen zum Wettbewerb, zu Markttrends oder auch sonstigen Branchengerüchten. Das kann auch sinnvoll für seine aktuelle Tätigkeit sein.

Es ist in der Regel nicht üblich, den Namen des Klienten bereits im Erstkontakt zu nennen. Der Manager sollte darauf auch nicht insistieren oder die Researcher durch Erraten des Namens herausfordern.

Nichtsdestotrotz kann der Manager etliches zum Unternehmen von den Researchern erfahren:

- Branche
- Umsatz/Mitarbeiter

- Produktpalette
- Rechtsform
- Struktur
- Standort
- wirtschaftliche Lage

Insider können häufig bereits daran das Unternehmen erkennen.

Diese Fragen können auch für einen Umstand ein Indiz liefern, der fast niemals unwillkürlich bedacht wird. Es wird zu keinem Zeitpunkt auszuschließen sein, daß Firmenleitungen die Loyalität ihrer Mitarbeiter mit unseriösen Mitteln testen wollen. Wird dafür ein fingierter Headhunteranruf benutzt, läßt sich dieser mittels Erfragung der Telefonnummer des Headhunters durchschauen. Seriöse Headhunter geben sich niemals zu derartigem her. Der sogenannte Researcher würde dann zudem auf die Fragen zum Unternehmen nur nebulös antworten.
Wenn die Unternehmensleitung ein solch gestörtes Vertrauensverhältnis zu ihren Führungskräften hat, ist es höchste Zeit, einem vertrauenswürdigen Headhunter aktiv das unmittelbare Interesse an einem Unternehmenswechsel zu signalisieren.

Fragen zur Position

Obwohl man sicherlich viele Informationen benötigt, um eine Position mit all ihren Vollmachten und Einschränkungen klar zu definieren, sollte sich der Manager im ersten Kontakt nicht in Detailfragen verstricken. Auch wenn er später sicherlich das genaue Alter und die Qualifikation seiner Mitarbeiter wissen möchte, sollte er anfänglich seine Fragen allgemein halten.

- Einstufung in die Hierarchie,
- relevante Statistik (z. B. Mitarbeiterzahl, Umsatzverantwortung, Einkaufsvolumen etc.),
- grobe Struktur des relevanten Funktionsbereiches,
- Art der Tätigkeit (Reisen, Schreibtisch, extern/intern orientiert),

- erforderliche Qualifikation,
- Gehaltsrahmen.

Schilderung der eigenen Person

Wenn man zufriedenstellende Antworten auf seine Fragen erhalten hat, ist es üblich, nun auch etwas von sich selber preiszugeben.
Ohne zuviel zu verraten, macht es einen guten Eindruck, wenn man ungeniert in der Lage ist, in wenigen Sätzen eine präzise Zusammenfassung des Berufslebens zu geben (Alter, Ausbildung, Karriereschritte, besondere Qualifikationen).
Zuviel sollte der Manager auch nicht erzählen. Ein einstündiger Vortrag, der auf vermeintliche Highlights und Erfolge focussiert, ist zu diesem Zeitpunkt überflüssig. So interessant eine Diplom- oder Doktorarbeit für den Manager gewesen sein mag, er sollte sich aber davor hüten, die Ergebnisse seiner empirischen Studie noch einmal zu referieren.

Das heikle Thema

Früher oder später muß man über das heikle Thema des Einkommens sprechen. Obwohl es ungeschickt wäre, als erstes zu fragen: »Was springt für mich heraus?«, ist es legitim und logisch, daß man von den Researchern erfährt, wie der finanzielle Rahmen für die Position angesetzt ist.
Das eigene Ist-Einkommen sollte man aber auch ohne Hemmungen nennen. Man muß es sowieso irgendwann einmal angeben, und wer sich hier geniert, hinterläßt den Eindruck, daß er das Gefühl hat, er sei unterbezahlt. Die entgegengesetzte Reaktion ist das Zu-hoch-Pokern des Soll-Einkommens. Der lässig hingeworfene Ausspruch »Unter 350 000 läuft bei mir nichts!« ist fast schon eine Normalreaktion. Sie zeugt jedoch nur von ausgesprochener Unprofessionalität, denn spätestens am Tag der Arbeitsaufnahme muß die Lohnsteuerkarte abgegeben werden, und der Arbeitgeber erfährt exakt das frühere Gehalt. Das kann dann zu bösen Reaktionen führen. Der Headhunter kennt seinen Markt. Der Kandidat schadet sich nur, wenn er bei der Angabe seines Gehalts stillschweigend ein

wenig mehr draufpackt, um sich in ein besseres Licht zu rücken oder um eine bessere Verhandlungsposition zu erhalten.
Während der Headhunter gegen eine spätere intensive Gehaltsverhandlung nichts einzuwenden hat, bringt zu hohes Pokern zu diesem Zeitpunkt also überhaupt nichts. Ganz im Gegenteil ruft es den Eindruck von Unsicherheit hervor. Der Headhunter kennt die Einkommensschichtung in jedem Fall besser als der Manager.
Das heutige Ist-Einkommen wird man bei einem Wechsel sowieso nicht verdoppeln können, und wer unrealistische Gehaltsvorstellungen hat, wirkt gierig, unseriös und sich selbst überschätzend.
Diese Erfahrung mußte einmal der Headhunter *Bruno Weidl* machen, als er bei dem Unternehmen *Statomat* in *Niederdorffelden* einen Kandidaten für die Position des Alleingeschäftsführers präsentierte. Nachdem das erste Gespräch zur Zufriedenheit der drei Seiten verlaufen war, wurde dem Kandidaten mitgeteilt, daß er in der engeren Wahl sei. Er stimmte einem zweiten Gespräch zu. In diesem wurde nach einem weiterhin zufriedenstellenden Gesprächsverlauf dann die Frage nach seinen Gehaltsvorstellungen gestellt. Der Kandidat äußerte sich spontan: »Ich stelle mir 500 000 DM sowie eine Gewinnbeteiligung vor!« Angesichts eines Umsatzes des Unternehmens von 45 Millionen DM fragte der Klient erstaunt nach dem Grund dieser ungewöhnlichen Forderung. Die ebenso prompte Antwort lautete: »Ich will endlich einmal richtig Geld verdienen!« Ja, er wiederholte sogar seine Forderung. Als der Klient das Gespräch daraufhin beenden wollte, meinte der Kandidat: »Ich möchte das Gespräch aber nicht beenden. Mit 280 000 würde ich mich auch zufriedengeben.« Klient und Headhunter konnten noch Tage danach die Phantasie des ehemaligen Kandidaten nicht fassen.
Kein Klient klammert sich an einen potentiellen Kandidaten so fest, daß er bereit ist, alle Rahmen zu sprengen, und wenn der Wunschkandidat ohne zwölf bezahlte Heimflüge und zwei Firmenwagen nicht wechselt, was soll's, der Headhunter muß eben einen zweiten Wunschkandidaten finden.

Gehaltsschichten in Deutschland (1996)

Brutto-Gehälter/Jahr in TDM	Auto-Industrie	Maschinenbau	Elektro-Industrie	Chemie-Industrie	Banken	Versicherungen	Konsumgüter
Vorstand/ Geschäftsführer	800 – 2 000	250 – 800	250 – 2 000	400 – 1 800	500 – 2 000	250 – 800	400 – 2 000
Direktor/ Bereichsleiter	250 – 600	200 – 450	240 – 400	220 – 600	190 – 230	180 – 230	190 – 250
Haupt-abteilungsleiter	180 – 200	150 – 190	160 – 210	160 – 200	150 – 190	140 – 180	170 – 190
Abteilungs-leiter	130	110	130	140	110	100	120

Regelmäßig führen etliche Personalberatungsgesellschaften Gehaltsumfragen durch. Obgleich zumeist die Rücklaufquote relativ gering ist, werden diese Umfragen stets mit großem Aufwand in der Presse rezipiert. Die hier wiedergegebene Gehaltsschichtung basiert nicht auf derartigen Umfragen, sondern ausschließlich auf den umfangreichen Erfahrungen verschiedener Headhunter.

Daß man bei jedem Wechsel einen vernünftigen Sprung machen will (20 – 25 % ist üblich), weiß jeder, aber man muß auch sich selbst und die Position realistisch einschätzen können.
So suchte ein Hersteller von Genußmitteln einen Marketingleiter für eine Tochtergesellschaft in Süddeutschland. Der Kandidat stammte aus Hamburg, war durchaus qualifiziert und wäre gerne vom Unternehmen eingestellt worden. Nachdem er dann als »Wüstenzuschlag« ein 50 % höheres Gehalt, wöchentlich bezahlte Heimreisen sowie eine kostenlose Wohnung am neuen Arbeitsort forderte, winkte das Unternehmen schließlich ab.

Fragen über den Headhunter

Der Manager kann das Gespräch auch ganz geschickt nutzen, um mehr über den Personalberater zu erfahren, indem er gezielte Fragen stellt.
Um sich ein genaueres Bild zu verschaffen, ist es erlaubt zu fragen

- seit wann die Beratung in Deutschland tätig ist,
- wieviele Berater sie hat und welchen Umsatz sie erreicht,
- ob sie branchenspezialisiert ist,
- ob sie national oder international arbeitet,
- auf welcher Hierarchieebene sie vorwiegend tätig ist.

Wenn der Manager es für wichtig erachtet, kann er erwarten, daß der Anrufer auch kurz zu seiner Rolle in der Beratungsgesellschaft etwas sagt und mit wem mögliche weitere Gespräche geführt werden.
Aus den Antworten auf diese Frage, ja bereits aus der formellen Reaktion, kann der Manager Schlüsse über die Seriosität des Headhunters ableiten. Jegliches Herumgerede und Abschweifen zeugt von Unprofessionalität. Die Researcher müssen vom Headhunter genau gebrieft worden sein – und über genügend eigenes Standing verfügen – so daß sie auf jede Frage eine klare Antwort geben beziehungsweise auch erläutern können, warum eine konkrete Frage nicht beantwortet werden kann.

Wenn die Position von vornherein uninteressant ist

Die Researcher werden auch nicht sofort auflegen, wenn der Manager zum Ausdruck bringt, daß die Position nicht seinen Erwartungen entspricht. Sie werden sich dann im weiteren Gesprächsverlauf auf andere Dinge konzentrieren, beispielsweise auf den beruflichen Hintergrund des Managers, um ihn eventuell für andere Aufträge abzuspeichern.

Sei die Branche, das Unternehmen, die Funktion oder auch die Hierarchieebene nicht relevant, übertriebene Arroganz ist an dieser Stelle keine gute Visitenkarte für mögliche spätere Kontakte. Äußerungen wie »Wissen Sie denn eigentlich nicht, wer ich bin?« sind fehl am Platz.

Sicherlich hat das Team des Headhunters im Vorfeld sorgfältig recherchiert, aber es ist nicht immer zu vermeiden, daß auch der seriöse Personalberater ab und zu im ersten Kontakt am Ziel vorbeischießt. Er muß sich auf Empfehlungen, Insidertips, Brancheninfos sowie Literaturquellen stützen, die nicht immer auf dem aktuellen Stand sind. Demzufolge kann es durchaus einmal zu einer falschen Ansprache kommen. Der Manager sollte immer bedenken, daß das Management in Deutschland eben alles andere als gläsern ist.

Gerade dann, wenn ein Researcher mit Hilfe einer Cover Story direkt im Unternehmen recherchiert, erhält er oft die haarsträubendsten Fehlinformationen. Es ist geradezu erschreckend, wie wenig manche Mitarbeiter über die eigene Firma wissen und vor allem, wer was wo macht.

So kommt es dazu, daß der Researcher den Produktionsleiter statt den Product Manager anspricht, den Leiter der Technischen Werkstätten anstatt den Vorstand Technik und Frau Müller von der Kantine anstatt den Einkaufsleiter für den Catering Bedarf. Einer Researcherin ist es einmal sogar gelungen, mit dem Kranführer in seinem Häuschen verbunden zu werden, statt mit dem eigentlich gewünschten Baustellenleiter. Manchmal muß man es mit Humor nehmen.

Eine kurze Erklärung des Mißverständnisses und die Äußerung des Wunsches, bei interessanten Positionen wieder kontaktiert zu werden, sorgen dafür, daß man friedlich auseinander

gehen kann. Ein Verhalten der Researcher jedoch, welches eindeutig auf nachlässiges Recherchieren bei der **Identifikation** von Firmen- und Personennamen zurückgeht, ist ein Hinweis, daß der Headhunter insgesamt nicht sehr seriös arbeitet.
Groteskerweise erschweren die ansonsten sehr begrüßenswerte Abschaffung von Titeln und die Durchsetzung immer flacherer Unternehmenshierarchien die Arbeit der Researcher. Die Identifikation von potentiellen Kandidaten wird dadurch zunehmend komplizierter. So kann ein »business unit manager« manchmal der richtige sein, wenn man einen hochkarätigen Geschäftsführer sucht, obgleich der Researcher darunter zuerst etwas ganz anderes vermuten würde.

Das persönliche Gespräch mit dem Headhunter

Gesprächsort

Das persönliche Gespräch mit dem Headhunter liefert dem Kandidaten erste Aufschlüsse über seinen Partner in diesem Geschäft und ermöglicht ihm, wesentliche Informationen über die Absichten des Klienten des Headhunters einzuholen.
Diese Gespräche werden entweder in den Büros des Headhunters oder in Hotels bzw. Clubs abgehalten. Am besten geeignet ist das Büro des Headhunters. Seine Lage und die Ausstattung lassen erste Schlüsse auf die Größe des Headhunters, seine Internationalität und das Niveau der Headhuntinggesellschaft zu. Vorsicht ist allerdings davor geboten, eine strahlende Fassade als alleinigen Maßstab der Beurteilung zu nehmen. Der kürzliche Zusammenbruch (Konkursantrag) der Düsseldorfer Niederlassung der großen internationalen Headhuntingfirma *Carré-Orban* auf der Königsallee liefert ein prominentes Negativbeispiel. Auch die international führenden Beratungsgesellschaften *Korn Ferry* und *Russel Reynolds* waren in den letzten Jahren mit ihren Frankfurter Büros nicht gerade ausgesprochen erfolgreich, obgleich beide seriöse Gesellschaften sind und über enorme Potenzen verfügen

Angemessene geschmackvolle Räume und vor allem die Professionalität, Freundlichkeit und Kompetenz des gesamten Büropersonals sind ein positiver Indikator für ein interessantes und entspanntes Gespräch bei einem kompetenten Headhunter.
Aus eigenem Interesse sollte der Kandidat deshalb das erste Gespräch im Büro des Headhunters anstreben. Das wird sich jedoch häufig nicht ermöglichen lassen. Terminzwänge beider Partner stehen dem entgegen. Liegen die Terminzwänge mehr auf seiten des Headhunters, sollte der Kandidat auf einen Termin in dessen Büro drängen.
Nächstwichtigster Treffpunkt sind die Hotels, unter diesen vor allem die Airport-Hotels, denn dort ist die An- und Abreise häufig am einfachsten. Die qualifizierten Headhunter mieten in der Regel ein gesondertes Besprechungszimmer. Ohne dieses sind ausführliche Gespräche in Ruhe und ohne von der Öffentlichkeit gesehen zu werden kaum möglich.
Unter den Clubs werden der Airport-Club in Frankfurt oder der Industrie-Club in Düsseldorf von den deutschen Headhuntern besonders häufig frequentiert.
Auch die Lokalität ist ein Indiz für die Seriosität des Headhunters. Ein Gegenindiz sind Treffen in Restaurants oder Cafés. Dort ist die Atmosphäre nicht passend für ein derartig intimes und oft auch heikles Gespräch. Allerdings hat der weniger gut geeignete Kandidat darin die Chance, manche seiner ungeeigneten Eigenschaften hinter den Speisen zu verstecken. Zudem hat er auch die Gelegenheit, durch häufiges Begrüßen anderer Gäste dem Headhunter seinen Bekanntheitsgrad zu demonstrieren.
Kandidat und Headhunter kennen sich in der Regel nicht persönlich, es sei denn, einer von beiden ist eine besondere branchenbekannte Persönlichkeit. Zielloses Umherirren in der Hotelhalle macht einen schlechten Eindruck. Wenn beide Parteien sich beim Concierge melden, der in den großen Hotels auf solche Gespräche eingestellt ist, wird man elegant zueinander finden.
Findet das erste Gespräch im Büro statt, dann lernt der Kandidat in der Regel auch zwei weitere Personen kennen, mit denen

er bereits telefonischen Kontakt hatte, den Researcher und die Sekretärin des Headhunters. Zwar wird sich das Kennenlernen der Sekretärin auf die Begrüßung beschränken, da er mit ihr jedoch telefonisch zu tun haben wird, erhöht die persönliche Bekanntheit auch das Vertrauensverhältnis. Auf Grund der Vertraulichkeit seines Interesses an der Position wird der Kandidat den Headhunter zumeist nicht durch seine eigene Sekretärin anrufen lassen, sondern dies selber vornehmen. Gleiches gilt für die Researcher, die jedoch nicht selten in das Gespräch miteinbezogen werden. Aus dem Dialog zwischen Headhunter und dem Kandidaten können die Researcher weitere Problemfragen identifizieren und das Know-how über die Position vertiefen. Ihre Beteiligung gilt weniger der Kandidatenbeurteilung und sollte auf jeden Fall den Kandidaten, auch wenn er sich bereits auf der oberen Managementebene befindet, nicht beunruhigen oder verwirren.
Gelegentlich ist die Beteiligung der Researcher auch Bestandteil der Weiterbildung zum Berater.
Bei Positionen auf der obersten Unternehmensebene (Vorstand, Geschäftsleitung oder Direktor) kann beim Erstkontakt auch ein jüngerer Berater, mit dem der Senior-Partner die Suche gemeinsam vornimmt, der erste Ansprechpartner gewesen sein. Oft wird dann auch dieser zum Gespräch hinzugezogen.

Vorgehensweise des Headhunters

Während des Interviews übernimmt der Headhunter die Initiative. Aus der Art und Weise, wie er dabei vorgeht, kann der Kandidat eine Menge über das Niveau, die Erfahrung und das Know-how des Headhunters erfahren.
Folgt der Headhunter systematisch einer Checkliste (strukturiertes Interview) oder fließt das Gespräch frei, wie bei einer zufälligen Unterhaltung in einer netten Abendgesellschaft?
Wird auch den kleinsten Details des Lebenslaufes (Warum haben Sie sechs anstelle der fünf Jahre Regelstudienzeit benötigt?) nachgegangen oder konzentriert er sich auf die wesentlichen Stationen des Berufsweges mit den Erfolgen und Mißerfolgen sowie den Motiven für das jeweilige Handeln?

Macht er einen souveränen und entspannten Eindruck ohne arrogant zu sein, oder versucht er durch inquisitorisches Bohren (Wie ist denn das mit der Prozeßkostenrechnung in Ihrem Unternehmen?) fehlende Sicherheit zu kaschieren?
Monologisiert er oder hört er gut zu und gibt verbale sowie körperliche Signale als Reflexion Ihrer Äußerungen?
Stellt er offene, aber dennoch faßbare Fragen (schlechtes Bei-

Die Vereinigung Deutscher Executive-Search-Berater (VDESB)

verpflichtet ihre Mitgliedsfirmen auf folgende ethische Grundsätze:

- Der Berater verpflichtet sich zu realistischer und offener Darstellung der zu besetzenden Position gegenüber dem Kandidaten.
- Der Berater wird einen qualifizierten und interessierten Kandidaten nur nach einem gründlichen persönlichen Gespräch in das Auswahlverfahren einbeziehen.
- Informationen und Unterlagen von Kandidaten werden nur mit deren ausdrücklicher Zustimmung an den Klienten weitergegeben.
- Über den Eingang persönlicher Unterlagen erhält der Kandidat umgehend eine Bestätigung. Der Kandidat wird in angemessenen Abständen über den Stand des Besetzungsverfahrens, insbesondere dessen Abschluß, unterrichtet.
- Der Berater beachtet die besondere Sorgfaltspflicht gegenüber dem Kandidaten beim Einholen von Referenzen.
- Executive-Search-Berater stellen zu keiner Zeit weder ihre Identität noch die Identität ihres Unternehmens noch den Zweck ihrer Nachforschungen irreführend dar, oder verweigern darüber verlangte Auskünfte.

spiel: Welches Betriebsklima halten Sie für das beste?) oder folgt eine geschlossene Frage, auf die nur mit Ja oder Nein zu antworten ist, nach der anderen?
Bald haben Sie ein Bild von »Ihrem« Headhunter. Stellen Sie sich auf den entsprechenden Typ ein. Vor allem: Versuchen Sie durch eine ehrliche Darstellung Ihres Werdeganges seine Sympathie zu gewinnen, denn er ist das Tor zu dem angebotenen attraktiven Job.
Der VDESB hat in seinen Berufsgrundsätzen Hinweise zu den Beziehungen zwischen dem Kandidaten und dem Berater gegeben (s. S. 121). Sie sind eine brauchbare Meßlatte für den Kandidaten, um seriöse von weniger seriösen Headhuntern zu unterscheiden.

Fragen an den Headhunter

Auch der Kandidat sollte reichlich Gelegenheit zum Fragenstellen erhalten. Diese beziehen sich zuerst auf den Klienten und umfassen folgende Problemkreise:

- Historie und Entwicklung der Klienten-Firma,
- wirtschaftliche Situation (Rückblick und Ausblick),
- Ursachen der Vakanz,
- organisatorische Gliederung der Unternehmensführung,
- organisatorische Gliederung des zu führenden Bereiches,
- Aufgaben und Kompetenzen der Vakanz (auch zukünftige),
- personelles Umfeld der Vakanz,
- Häufigkeit von Umorganisationen,
- Besetzung etwaiger Aufsichtsgremien,
- Interdependenzen mit Schwester- oder/und Muttergesellschaft im In- und Ausland,
- starke Persönlichkeiten in der Organisation,
- Klima und Führungsstil (oft schwer präzise zu beantworten).

Am einfachsten ist es, sich mittels einer Liste auf derartige Fragen vorzubereiten. Mehrere Seiten erzeugen beim Headhunter allerdings Besorgnis nicht nur ob des Gedächtnisses des Kandidaten, sondern auch ob seiner begrenzten Zeit und seines

begrenzten Wissens. Das macht ihn beim Headhunter nicht gerade beliebter. Auch hier kommt es auf das berühmte Fingerspitzengefühl an. Wie weit kann ich gehen, um den Headhunter nicht zu düpieren, und wie weit muß ich gehen, um ihn nicht zweifeln zu lassen?
Der Manager sollte sich auf dieses Gespräch durch eigenes Einholen von Informationen über die Branche vorbereiten. Zwar kennt er in der Regel das Unternehmen noch nicht, jedoch kann er dem Headhunter über das Umfeld konkrete Fragen stellen. Er sollte aber stets berücksichtigen, daß kein Headhunter wegen der Vielfalt seiner Projekte über tieferes Wissen als er selber verfügen kann. Das braucht er deshalb dem Headhunter auch nicht zu beweisen!
Mit steigender Hierarchieebene sinkt erfahrungsgemäß die Fähigkeit zum Zuhören. Deshalb sollte sich jeder Manager vor dem Interview noch einmal bewußt machen, daß er für einige Stunden nicht in seinem Job ist, sondern sich in der Rolle des Kandidaten befindet. Immer wieder passiert es, daß Kandidaten Fragen stellen, die der Headhunter schon bei seiner Darstellung des Klienten beantwortet hatte. Die Wiederholung solcher Fragen, könnte negative Schlüsse über die Auffassungsgabe des Kandidaten nach sich ziehen.
Am Ende sollte der Kandidat den Headhunter durchaus nach einer Beurteilung der eigenen Person fragen. Aus der Antwort kann er wiederum die Qualität seines Gesprächspartners erkennen. Nennt er ihm auch Schwachpunkte, sachlich und in einer angemessenen Form? Gibt er ihm sogar Hinweise, wie diese abzustellen wären? So mutig sind allerdings nur die besten Headhunter.
Das Gespräch endet immer mit der Frage nach dem weiteren Vorgehen. Nicht selten werden die Kandidaten mit: »Sie hören wieder von uns« abgespeist. Das kann alles und nichts heißen. Der Kandidat kann als ungeeignet eingestuft worden sein, aber der Headhunter scheut sich davor, ihm auch offen das **No-Go** auszusprechen. Oder er will erst noch einmal darüber nachdenken? Möglicherweise will er auch Vergleiche mit anderen Kandidaten heranziehen und hat dazu noch nicht alle interviewt.

Back-Up-Kandidaten

Es ist normal, daß der Headhunter Back-Up-Kandidaten haben muß. Nur selten kann er mit ziemlicher Sicherheit die Reaktion seines Klienten auf den zuerst präsentierten Kandidaten einschätzen. Für den Kandidaten in der zweiten Reihe ist dies verständlicherweise nicht immer angenehm. Entscheidend für ihn ist es jedoch, daß der Headhunter darüber mit ihm offen kommuniziert. Es gebietet die Fairneß gegenüber jedem Kandidaten, seine Position im Suchprozeß offen auszusprechen. Vorsicht ist vor denjenigen Headhuntern geboten, die zwar geschliffen und eloquent auftreten, aber wenig konkret werden. Sie wollen mit der Wahrheit nicht herausrücken.

Wie wichtig Back-Up-Kandidaten sind, mußte einmal der Berater *Georg von Westerholt* erleben. Er hatte den Auftrag, für ein großes mittelständisches Unternehmen in der Aluminiumverarbeitung den Finanzgeschäftsführer zu suchen. Ein Kandidat, der im Finanzbereich eines bedeutenden Schweizer Unternehmens erfolgreich gearbeitet hatte, war auserkoren gewesen und hatte seinen Vertrag unterzeichnet. Als er jedoch zu seinem Gesellschafter ging und um Vertragsauflösung bat, fragte ihn dieser nach seinem zukünftigen Gehalt. Dieses lag inclusive des variablen Teiles bei ca. 1,2 Millionen DM. Der Eigentümer bot ihm ohne jegliche Diskussion einen erheblich höheren Betrag an, und der Kandidat entschloß sich, bei seinem alten Unternehmen zu bleiben. Der Klient *von Welsterholts*, ob dieser Vorgehensweise empört, wollte an seinem Kandidaten festhalten und drohte diesem mit Klage, worauf dieser darauf hinwies, daß er von seinem Unternehmen eine Freistellungserklärung bezüglich sämtlicher sich aus rechtlichen Auseinandersetzungen ergebenden Schäden erhalten habe.

Von Westerholt hatte jedoch seinem gleichwertigen Back-Up-Kandidaten noch keine Absage mitgeteilt. Innerhalb von vier Wochen konnte dieser seine neue Tätigkeit beginnen.

Gleichzeitig ist auch weit verbreitet, daß Headhunter bei der Suche auf Manager stoßen, die zwar für die eigentliche Position nicht in Frage kommen, aber als **By-Completion** hervorragend geeignet sind. Da er die Personalsituation des Klienten gut kennt, kann er ihm auch Lösungen für Probleme vorschlagen, für die er direkt gar nicht gesucht hat. Ist er damit erfolgreich, wird er sein Honorar für diese Suche etwas niedriger ansetzen, aber immer noch hervorragend verdienen. Der Klient dürfte auch zufrieden sein, schneller und preisgünstiger ein zweites Problem gelöst zu haben. Das zeigt auch, wie wenig sich diejenigen Klienten über ihr Eigeninteresse bewußt sind, die den Headhunter nur unzureichend über die Unternehmenssituation informieren.

Verbreitet ist auch der für jeden Kandidaten indiskutable Umstand, daß der Headhunter nur ein Vorratsinterview geführt hat, obgleich die Suche längst abgeschlossen ist. Gleiches gilt für das Bestreben, die Suche auf Akquisitionsinterviews auszudehnen, also in Wirklichkeit gar nicht den Manager als Kandidat, sondern als potentiellen Klienten im Auge zu haben.

Manchmal sagt der Headhunter auch sofort, daß er den Kandidaten dem Klienten präsentieren möchte, und gegebenenfalls stimmt er auch sogleich den Ort und einen Termin mit ihm ab. Dann kann sich der Manager gratulieren, denn die Mühe der Präsentation macht sich der Headhunter nur mit denjenigen Kandidaten, die ihm eine echte Chance zur Besetzung der Position bieten. Allerdings könnte der Headhunter auch in diesem Fall einen Trick mit dem Kandidaten machen. Zwar will er ihn präsentieren, hat jedoch schon längst seine Short List geschlossen. Der Kandidat wird als ein Dummy verwendet, den der Headhunter noch zur Komplettierung seines Dreier-Kandidaten-Teams benötigt. Souveräne Headhunter, die von ihren Klienten ernst genommen werden, brauchen keine Dummies, sie präsentieren nur ein oder zwei wirklich gute Kandidaten.

In der Regel wird der Headhunter den Kandidaten jedoch erst schriftlich beim Klienten vorstellen. Dieser muß sich nach dem Überspringen der zweiten Hürde noch ein wenig in Geduld üben.

Das Verhalten der Kandidaten in der Präsentation

Nach einer entsprechenden Vorbereitung auf das Interview und nach den Hinweisen des Headhunters dürfte es selbstverständlich sein, daß jeder Kandidat wohlvorbereitet in die Präsentation geht. Dem ist jedoch beileibe nicht so. Es ist immer wieder frappierend, wie viele Kandidaten meinen, mit ihrer Berufserfahrung jede Gesprächssituation bewältigen zu können. Der Kandidat hat im ersten Gespräch nur ein bis zwei Stunden Zeit, sich dem Klienten so zu präsentieren, daß dieser von ihm überzeugt ist. Dabei geben weniger die fachlichen Fähigkeiten den Ausschlag als die Persönlichkeitseigenschaften. Genau dem kann der Kandidat gegensteuern, indem er sich gründlich auf das Unternehmen vorbereitet und dann im Gespräch an den kritischen Punkten mit zielgerichteten Fragen die Initiative ergreift.

Allerdings befindet sich der Klient häufig nicht in einer Situation, wo ausschließlich sein Informationsbedürfnis über die Güte des Kandidaten maßgebend ist. Selbstbewußte Kandidaten wollen sich auch von der Güte des potentiellen Arbeitgebers überzeugen. **Auch der Klient muß sich präsentieren.** Die meisten Klienten unterschätzen diesen Aspekt und verprellen damit gute Kandidaten. Nicht allzuoft finden sich Kandidaten, denen das Angebot des Headhunters gerade sehr gelegen kommt. Die Unternehmen stehen in einem harten Wettbewerb um die besten Manager. Nur dasjenige Unternehmen wird dabei erfolgreich sein, dem es im Prozeß des Headhuntings gelingt, den Kandidaten zu überzeugen, daß er mit seinem Wechsel einen echten Karrieresprung vollziehen kann.

In der Präsentation muß der Klient auch für sein Unternehmen und für die angebotene Position werben. Die Zeiten, in denen auf dem Managermarkt für jede Nachfrage auch ein ausreichendes Angebot vorhanden war, sind vorbei.

Das sehen aber noch nicht alle Klienten so.

Die Beratungsgesellschaft *Bark, Föhr & Partner* hatte von dem amerikanischen Softwarehaus *SSA* den Auftrag erhalten, vor

schiedene Vertriebsverantwortliche zu suchen. Es wurden dem Europa-Präsidenten drei Kandidaten präsentiert. Jedes Gespräch wurde nach fünf Minuten mit einer positiven Bewertung und einem gönnerhaften Schulterklopfen beendet. Der Headhunter bekam dagegen nur abwertende und sogar beleidigende Bemerkungen über seine Kandidaten zu hören. Tapfer suchte er weiter, obgleich die Profile der zu besetzenden Positionen ständig verändert wurden, seine unmittelbaren Ansprechpartner in Deutschland wechselten und die Städte, in denen neue Büros gegründet werden sollten, ausgetauscht wurden. Als die Headhunter dann auch noch erfuhren, daß parallel zu ihnen zwei weitere Gesellschaften mit demselben Auftrag auf dem Markt agierten, war ihre Leidensfähigkeit an eine Grenze angelangt. Das Unternehmen ist mit seinen geschäftlichen Aktivitäten in Deutschland bis heute auch nicht besonders aufgefallen.
Jedoch nicht nur viele amerikanischen Unternehmen ziehen durch ihren ruppigen Umgang mit dem deutschen Management die Aufmerksamkeit auf sich.
Eine bekannte Frankfurter Beratungsgesellschaft hatte den Auftrag, für das durch die Brüsseler Agrarregelungen kräftig gestützte Kölner Zucker-Imperium *Pfeifer & Langen* den Nachfolger des altershalber ausscheidenden Vorsitzenden der Geschäftsleitung, *Albrecht Colmans*, zu suchen. Eine gängige Formulierung im Gesellschafterkreis lautete: »Da lassen wir die Kandidaten mal vortraben.« Und da weithin bekannt ist, daß die Familienstämme nicht gerade in tiefster Freundschaft miteinander verkehren, eröffnete die Suche nach *Colmans* Nachfolger reichlich Gelegenheit, alte Rechnungen im Familienkreis zu begleichen – auf Kosten der jeweils präsentierten Kandidaten.

Nicht selten wird der Headhunter benutzt, um die Ranküne untereinander heillos zerstrittener Familien auszutragen.

Das wirkt sich auf das Verhalten des Kandidaten während der Präsentation aus. Selbstbewußte Kandidaten spüren dies und lehnen danach eine weitere Kandidatur ab.
Ein positives Beispiel lieferte demgegenüber der Geschäftsführer eines Tiernahrungsherstellers in der Kölner Gegend. Seine

Passivität, bis hin zum scheinbaren Desinteresse an dem Kandidaten für die Position des Key Account Directors hatte bereits bei zahlreichen Kandidaten zu Rückziehern geführt. Der Hintergrund war aber die introvertiert schüchterne Persönlichkeit des Geschäftsführers. Nach gezielten offenen Hinweisen des Headhunters öffnete er sich mehr und konnte schließlich gute Kandidaten für sich und sein Unternehmen einnehmen.

Es können auch Situationen auftreten, in denen es selbst dem Headhunter schwerfällt, das Gespräch richtig in Gang zu bringen. Dann muß der Kandidat aus sich herausgehen und dem Klienten helfen, einen Zugang zu sich herzustellen.

Andererseits passieren auch groteske Situationen. Der Aufsichtsratsvorsitzende von *Boehringer Mann*, *Curt Engelhorn*, befragte einmal einen Kandidaten 60 Minuten lang in einer fast inquisitorischen Art. Er führte ein typisches Streßinterview durch. Jede Aussage des Kandidaten wurde detailliert hinterfragt und wieder in Frage gestellt. Der Kandidat begann zunehmend zu schwitzen. Dabei begann sich sein Haarteil, welches vorher als solches nicht aufgefallen war, zunehmend zu lösen. Als es drohte herunterzurutschen, mußte der Kandidat es abnehmen. Er überstand diese Runde nicht.

Nestlé-Chef *Helmut Maucher* hatte im Frankfurter *Steigenberger Airport Hotel* eine Präsentation bereits so gut wie abgeschlossen. Der Kandidat war eloquent gewesen und hatte auf alle Fragen eine Antwort gewußt. *Maucher* war auch von seinen breit angelegten Interessen außerhalb des Berufes angetan, z. B. den literarischen. Fast schon in der Verabschiedung fragte er denn den Kandidaten – wohl auch aus persönlicher Neugier – nach den drei Büchern, die zur Zeit auf seinem Nachttisch liegen würden. Der Kandidat wirkte wie geschockt. Er hätte ohne weiteres drei beliebige Buchtitel nennen können, aber er war unfähig, schnell genug umschalten zu können. Auch für ihn war das Rennen damit beendet.

Der Headhunter als Coach

Nicht wenige Headhunter stellen ihre Dienstleistung bei der Einarbeitung des Kandidaten als besondere Fähigkeit heraus. In der Praxis wenden sie dafür jedoch nur wenig Zeit auf. Der Grund dafür ist sehr einfach. Die allermeisten plazierten Kandidaten haben keine Probleme mit der Einarbeitung, jedenfalls keine, bei denen der Headhunter hilfreich zur Seite stehen könnte. In den Fällen jedoch, in denen Probleme auftreten, werden die Headhunter zu selten gerufen. Manager und Klient scheuen sich einzugestehen, daß sie fremde Hilfe benötigen. Ihr Ego verhindert, eine sinnvolle Dienstleistung in Anspruch zu nehmen. Wenn der Headhunter in den ersten Monaten guten Kontakt zum Kandidaten hält, erfährt er erfahrungsgemäß mehr von den Schwierigkeiten im Unternehmen als vom Klienten. Selbstbewußte Manager informieren den Headhunter. Sie erhoffen sich dabei weniger eine konkrete Vermittlerfunktion als viel mehr Hilfe, falls es dann doch zum Bruch kommen sollte.

Nicht wenige Klienten verschenken sich viel. Oft allerdings ist dies auch purer Selbsterhaltungstrieb. Sie sehen ihre Position als uneingeschränkter Chef im Unternehmen gefährdet, wenn sie gegenüber dem Headhunter eingestehen würden, daß ein Problem auch auf ihr individuelles Verhalten zurückzuführen ist.

Die allermeisten Brüche schon kurz nach Vertragsabschluß gehen nicht auf fachliche Probleme des Kandidaten, sondern auf Probleme im Persönlichkeitsbereich zurück. Mehrheitlich liegen die Ursachen dabei auf seiten des Klienten.

Das spricht sich auch in der Branche herum. So hatte die renommierte Gesellschaft *Egon Zehnder International* nach mehreren Schwierigkeiten bei der Suche für Vorstandsmitglieder des *Bremer Vulkans* und nach einem kurzfristigen Ausscheiden eines plazierten Vorstandsmitgliedes es schon 1993 abgelehnt, weiter für den damaligen Vorstandsvorsitzenden *Friedrich Hennemann* zu arbeiten.

Zu einem Problem wird das Headhunting für den Manager jedoch, wenn der Headhunter ihn aus einem guten Job in eine schlechte Firma gelockt hat. In der Regel sollte das einem erfahrenen Manager zwar nicht passieren, denn er hat ausreichend Gelegenheit, sich über sein Wunschunternehmen zu informieren, aber es kommt vereinzelt einmal eben doch vor, beispielsweise wenn die Kultur des Unternehmens sich verändert.

Das weltweit in der Haushaltsreiniger- und Kosmetikbranche tätige Unternehmen *Benckiser* hatte 1993 beschlossen, sein Hauptquartier für sämtliche Kosmetikaktivitäten von Wiesbaden nach New York zu verlegen. Dafür sollten zusätzlich mehrere hochqualifizierte Manager geworben werden. Mit der Suche wurde die Headhuntinggesellschaft *Russel Reynolds* beauftragt. Von den eingestellten Führungskräften hatten weniger als drei Jahre danach die meisten das Unternehmen bereits wieder verlassen. Zur Zeit der Erstellung dieses Buchs war zudem noch eine Klage gegen *Benckiser* in New York anhängig. Dieser war von einer ehemals leitenden Mitarbeiterin wegen systematischer Diskriminierung ihrer Person im Unternehmen angestrengt werden. Keine sehr angenehme Erfahrung für den Headhunter mit seinem Klienten.

Falls der Headhunter dem Kandidaten wissentlich die Unwahrheit über das Unternehmen gesagt hat, kann dieser zwar kaum etwas für ihn Hilfreiches gegen den Headhunter unternehmen, aber Hinweise darüber gelangen schnell in die Presse oder sprechen sich in der Branche herum.

Wurden beide Parteien vom Klienten geprellt, bleibt ihnen nur die Hoffnung, beim nächsten Mal daraus gelernt zu haben. Auch das Headhunting ist kein risikofreier Raum, für keinen der Teilnehmer an diesem Geschäft.

Eine der renommiertesten deutschen Beratungsorganisationen wurde vor einiger Zeit mit einem derartigen Problem konfrontiert. 1981 hatte diese Gesellschaft den früheren Raumfahrtmanager *Bernd Kosegarten* als Vorstandsvorsitzenden zur *Iveco Magirus AG* in Ulm gebracht. Sein Vertrag hielt aber nur eine Periode. 1984 brachte dieselbe Gesellschaft und derselbe Berater den Manager auch als Vorstandsvorsitzenden zur *Harmstorf AG*, die im Schiffbau, Anlagen- und Maschinenbau tätig war.

Wenige Monate danach brach die Gruppe zusammen. Beide waren vom Mehrheitsgesellschafter getäuscht worden und hatten das nicht bemerkt.
Es kann auch passieren, daß der Kandidat auf einen Headhunter trifft, der sein Geschäft als reines **Body Shopping** betreibt. Er ist kein Personalberater, sondern nur Makler. Da einige Klienten eine solche Vorgehensweise durchaus goutieren, wäre es falsch, diese Vorgehensweise als unseriös zu bezeichnen. Deshalb fallen diese Vertreter auch nicht unbedingt aus dem Markt heraus, und ebenso finden sie immer ausreichend Kandidaten, die diese Art des Geschäfts als übereinstimmend mit ihrer Selbsteinschätzung ansehen. Damit werden zwar viele Flops produziert, doch man sollte realistisch bleiben: Es werden sich dafür immer wieder drei Partner finden. Der Markt ist so groß, daß er jede Nische ertragen kann.

Psychologische Tests und Graphologie

10

Kaum ein Aspekt ist unter Headhuntern so umstritten wie der psychologischer Fragestellungen. Die meisten Klienten würden beispielsweise bei der Kandidatenauswahl gern psychologische Tests benutzt sehen, aber die wenigsten Personalberater bieten sie an. Fast jeder Kandidat fragt danach, wie er sich auf den Klienten am besten einstellen könnte. Unzweifelhaft ist es, daß die vielgerühmte persönliche Chemie dabei eine erhebliche Rolle spielt, aber oft bleibt sie unfaßbar, und der Headhunter kann dem Kandidaten kaum mehr als Allgemeinplätze bieten. Einige Klienten stellen den Kandidaten erst dann ein, wenn auch die Schriftprobe durch einen Graphologen ein positives Urteil ergeben hat, viele andere lehnen dies als blanken Unfug schlichtweg ab.

Um so mehr verwundert es, wie wenig Konkretes über die psychologischen Aspekte im Headhunting bekannt ist. Das führt zwangsläufig zu mancherlei Fehleinschätzungen und Gerüchten. Zweifelsohne spielen bei fast jedem Karriereschritt auch psychologische Aspekte eine wesentliche Rolle. Dies trifft auch für diejenigen Headhunter zu, die dies offen leugnen. Relativ selten entscheidet die reine fachliche Qualifikation darüber, welcher der Kandidaten für eine offene Position den Zuschlag erhält. Die persönliche Eignung ist zumeist ausschlaggebend für die Entscheidung des Klienten.

In der Wissenschaft wird dieser Umstand als Frage formuliert: Unter welchen äußeren Bedingungen werden welche inneren Einstellungen verhaltenswirksam?

Der Versuch, sich dieser Frage nicht intuitiv, sondern stärker objektiv zu nähern, kann durch einen psychologischen Test erfolgen. Vorreiter auf diesem Gebiet ist das *ifp-Institut* für Personal- und Unternehmensberatung in Köln.

Wenn ein Unternehmen sehr schnell stark wachsen muß, wie z. B. in der Telekommunikation manche Unternehmen pro Jahr Dutzende von Führungskräften einstellen, dann ist oft nicht die Zeit für umfangreiche und höchst differenzierte Auswahlverfahren.

Häufig wollen jedoch Unternehmen eine intensive Beratung erhalten und dazu kann auch ein psychologisches Testverfahren gehören.

Der Einbau psychologischer Tests erfolgt sinnvollerweise nur als Teil einer Gesamtbeurteilung. Werden derartige Tests isoliert verwendet, ist es tatsächlich Scharlatanerie. Zur Gesamtbeurteilung gehören dann

- die eingereichten schriftlichen Unterlagen,
- das persönliche Interview,
- das Testverfahren,
- die Referenzen.

In den Testverfahren sollen verschiedene Eigenschaften des Kandidaten besser als sonst üblich erhellt werden. Dazu gehören Fragen nach den analytischen Fähigkeiten, dem Arbeitsstil, der Belastbarkeit, dem Organisationstalent, der Kontaktfähigkeit oder dem Konflikt- und Führungsverhalten.

Zuallererst wird dabei nach den individuellen Motiven und dem Kommunikationsverhalten des Kandidaten gefragt.

Es geht also zuvorderst um die Persönlichkeitseinschätzung. Die Klienten wollen vom Berater Hinweise auf diese Eigenschaften des Kandidaten erhalten.

Die in solchen Tests angewendeten Methoden zeichnen sich durch einen gemeinsamen Grundzug aus. Dem Kandidaten werden Unterlagen vorgelegt, die er interpretieren soll. Diese Unterlagen variieren jedoch. Das können z. B. Farbblättchen sein, die in einer bestimmten Reihenfolge sortiert werden sollen, oder es sollen spontan Geschichten zu Bildern erzählt werden oder Farbverteilungen sollen gedeutet werden. Klassisch ist auch ein Fragebogen mit sehr unterschiedlichen Fragerichtungen. Zu den Antworten gibt es erfahrungsgemäß bestimmte Klassifizierungen. Diese lassen sich mit Einstellungen und Tendenzen im Verhalten des Kandidaten in Verbindung bringen. Der Sinn besteht darin, Motivlagen des Kandidaten, die auf langfristigen Entwicklungsprozessen beruhen, zu erfassen und so seine individuellen Eigenarten besser zu erkennen.

Erfahrungen aus der Tiefenpsychologie deuten darauf hin, daß Kandidaten zu einem erheblichen Teil dazu neigen, Eigenschaften ihres eigenen Ichs in Bilder, Szenen und Geschichten hineinzuprojezieren.

Häufig ergeben die Tests eine Übereinstimmung mit den Eindrücken auf denjenigen Gebieten, die gleichermaßen im Interview und in den Tests erfragt worden sind.

Wenn die Ergebnisse beider aber auseinanderfallen, muß nach den Ursachen dafür gesucht werden. Teilweise sind dabei die Tests objektiver als die Selbstdarstellung des Kandidaten.

Mehrheitlich sind Selbstbild und Fremdbild der Kandidaten zwar identisch, aber Manager auf sehr exponierten Positionen sind immer gefährdet, sich unrealistisch einzuschätzen, weil sie aus ihrer Umwelt in der Regel nur gefilterte Informationen über sich selber erhalten.

Die Dauer derartiger Tests kann zwischen 20 Minuten und eineinhalb Stunden betragen. Das gesamte Gespräch dauert dann zwei bis drei Stunden.

> **Ein Führer fordert den Status quo heraus;**
> **ein Manager nimmt ihn hin.**
> ***Warren Bennis***

Es bietet sich auch an, derartige Tests innerhalb eines Assessment-Centers durchzuführen.

Wird ein Einzelassessment durchgeführt, in dem sehr umfangreich die Persönlichkeitseigenschaften ermittelt werden sollen,

wird dafür ein Tag benötigt. Daran sind bei professionellen Anbietern wenigstens zwei bis drei Berater beteiligt, darunter immer auch erfahrene Psychologen. Welcher Aufwand betrieben wird, ist für die Unternehmen jedoch von der Höhe bzw. der Wichtigkeit der zu besetzenden Position abhängig. Assessments, in denen eine Vielzahl von Methoden angewendet werden, sind für höhere Managementpositionen nicht in einer Gruppe durchzuführen. Teilweise werden sie auch erst nach der Präsentation des Kandidaten beim Kunden durchgeführt, weil dieser damit seinen persönlichen Eindruck objektivieren lassen will. In der Regel sind sie jedoch die Basis für die Short List. In der Spitzengruppe sind immer zwei oder drei Kandidaten vertreten, von denen der Berater sicher weiß, daß sie die zu besetzende Position ohne weiteres fachlich einnehmen könnten. Da es jedoch keine zwei identischen Menschentypen gibt, muß ein Auswahlmodus gefunden werden.
Einige in der Szene sehr bekannte Berater haben sich auf solche Einzelassessments spezialisiert, und verschiedene Unternehmen nutzen derartige Dienste konsequent für ihre Personalsuche. Bekannt dafür ist das amerikanische Unternehmen *ITT*, welches deutsche Top-Bewerber zu einem auf Einzelaudits spezialisierten schweizer Psychologen in Küsnacht sendet.
Derartige Assessments können jedoch auch innerhalb von **Managementaudits** eingesetzt werden.
Der Berater muß in jedem Fall dem Kandidaten ein **Feedback** über die Resultate des gesamten Verfahrens und insbesondere der Tests geben. Der Kandidat muß jedoch allein die Schlußfolgerungen daraus ziehen. Die Beurteilung durch den Berater kann immer nur der Anstoß für einen Veränderungsprozeß sein. Ausgehend von den Resultaten wird der Berater auch Hinweise für die Präsentation beim Klienten geben. Diese werden sich jedoch in einem engen Rahmen halten. **Es ist eine unter Kandidaten weitverbreitete Illusion, daß man sich wesentlich von der eigenen Psyche entfernend auf den Klienten einstellen kann.** Die eigenen Grundanlagen sind nicht veränderbar, wenigstens nicht innerhalb kurzer Zeit.

Es kommt immer wieder vor, daß Kandidaten, insbesondere für Topmanagementpositionen, derartige Tests auch ablehnen. Oft sind dies aber diejenigen Manager, die unsicher auftreten und sich nicht in der Spitzengruppe der Kandidaten befinden.
Einige Regeln sind von der Personalberatung, die derartige Tests anwendet, unbedingt einzuhalten. Die Tests müssen sich an dem Anforderungsprofil der zu besetzenden Stelle und den Fragestellungen des Klienten orientieren. Zur Durchführung und zur Bewertung der Tests müssen ausgebildete Psychologen herangezogen werden. Die Beratungsgesellschaft darf ihren Mitarbeitern nicht die Anwendung bestimmter Tests vorschreiben, denn nicht jeder Mitarbeiter kann gleichermaßen gut mit allen Tests umgehen. Er muß sich selber erst ausprobieren, für welchen Test er geeignet ist und in welchem er dann Bewertungssicherheit erhält.
Die Bewertung beinhaltet also auch in diesem Fall ausgesprochen subjektive Komponenten. Jedes qualitativ orientierte Verfahren hängt wesentlich von der Intuition und der Erfahrung des Headhunters sowie des eingesetzten Psychologen ab. Zudem sind Bewerbungssituationen stets Situationen besonderer Belastung und teilweise auch eines besonderen Streßtyps. Das ist bei der Beurteilung des Kandidaten zu berücksichtigen, um nicht zu Fehleinschätzungen zu gelangen.

Graphologische Gutachten werden selten von Klienten verlangt, und unter den Kandidaten ist ihre Ablehnung noch viel größer. Einige Unternehmen verlangen sie aber doch regelmäßig. Werden sie jedoch gleichzeitig mit Tests eingesetzt, dann ist erfahrungsgemäß eine erstaunlich hohe Übereinstimmung zwischen ihren Aussagen und den unabhängig davon durchgeführten Tests festzustellen.
In einem graphologischen Gutachten wird die gesamte Persönlichkeit eines Menschen beurteilt, nicht jedoch einzelne Teilfunktionen wie bei Leistungstests. Es werden ähnliche Einstellungen beurteilt, die auch in den psychologischen Tests herausgestellt werden, wie z. B. Belastbarkeit, Teamfähigkeit, Durchsetzungsvermögen u. a. Besonderen Wert wird neben

dem Persönlichkeitsbild – (Rücksichtslosigkeit, Geduld, Heiterkeit, Kälte usw.) und dem Leistungsbild des Bewerbers (Ablenkbarkeit, Ausdauer, Pflichtgefühl usw.) auf seine Leistungsstörungen (Aggressivität, Nachlässigkeit, Pedanterie usw.) gelegt.
Die Breite der möglichen Interpretationen durch Gutachten verschiedener Graphologen ist sehr groß. Deshalb besteht für jeden Kandidaten, der auch nur zur eigenen Information ein Gutachten einholt, die Gefahr der Fehllenkung.
Der Inhaber des Tierfutterunternehmens *Vitakraft* in Bremen holt zusätzlich zur Bewertung durch den Headhunter regelmäßig von einer schweizer Graphologin Gutachten ein. Einmal attestierte diese Dame dem Kandidaten für den Job des Einkaufsleiter »absurde sexuelle Neigungen«. Ob da wohl der Wunsch Vater des Gedankens war?
Eine andere Variante besteht darin, daß vor der endgültigen Entscheidung über die Einstellung noch einmal eine Schriftprobe nur für den **»decisionmaker«** abgegeben werden muß. So läßt sich der neue *Thyssen*-Chef, *Dr. Dieter Vogel*, bei wichtigen Einstellungen stets etwas Handschriftliches als letztes Entscheidungskriterium geben.
Derartige Gutachten bleiben ein Feld für den individuellen Geschmack. Ihr eigentlicher Hintergrund liegt in dem Bestreben, eine weitgehend sichere objektive Methode für die Kandidatenauswahl zu finden. Menschen suchen immer nach Hilfsmitteln, um nicht selber zu entscheiden oder um ihre individuelle Einschätzung zu objektivieren. Gäbe es eine sichere Methode, wäre sie längst gefunden worden.
Eine große Rolle spielten einmal Intelligenztests. Sie liefern quantitative Aussagen zu fünf Intelligenzfaktoren:

- Sprachbeherrschung
- Rechengewandtheit
- Denkfähigkeit
- Kombinationsvermögen
- Raumvorstellung

Ihre Beliebtheit erwies sich jedoch als eine Modeerscheinung. Es wurde recht schnell erkannt, daß sie nur eng begrenzte Aussagen treffen, die zudem sehr starr sind.
Heute spielen Intelligenztests in der Managerkarriere keine wichtige Rolle mehr.
Immer wieder trifft der Headhunter auf Kandidaten, die über die seltene Gabe einer hervorragenden Selbstdarstellung verfügen. Trotz häufigen Wechsels der Unternehmen haben sie es fast immer geschafft, eine Karrierestufe weiterzusteigen und dabei auch ihr Einkommen zu erhöhen. Aus dem letzten Unternehmen waren sie jedoch bereits nicht freiwillig ausgeschieden, und auch in ihrer gegenwärtigen Firma ist das Ende schon absehbar. Ein unerfahrener Headhunter kann dies in der Selbstdarstellung oft nicht erkennen. Auch ihr Umfeld haben sie für die Referenzen positiv gefärbt. Jeder Headhunter ist wenigstens einmal in seiner Arbeit auf einen derartig begnadeten Schauspieler hereingefallen. Keiner kann seine Rolle jedoch perfekt spielen. Ein erfahrener Headhunter erkennt durch Gegenfragen recht schnell die Schwachstellen und kann den – dann bereits ehemaligen – Kandidaten entlarven.

Häufig versuchen Kandidaten vom Headhunter exakte Hinweise zur vielgerühmten Chemie zwischen ihnen und dem Klienten zu erlangen. Sie verkennen, daß die Klienten auch die Headhunter entsprechend dieser Chemie auswählen. Es ist eine weitverbreitete Illusion zu meinen, daß jeder Headhunter auch für jeden Klienten arbeitet. Durchaus gibt es etliche Klienten, die immer wieder mal einen neuen Personalberater ausprobieren wollen. Einige wenige Klienten wollen gar keine Beratung haben. Ihnen sind die persönlichen Eigenschaften des Headhunters weitgehend gleichgültig, weil sie sich ganz allein die Beurteilung eines Kandidaten zutrauen. Für sie zählen nur die Namen, die der Headhunter heranschaffen kann. Das ist jedoch nicht der Alltag des Headhunting. In diesem gibt es durchaus eine persönliche Affinität zwischen Klient und Headhunter, die ersterer auch bezahlt. **Nicht jeder Headhunter, wenn es auch viele trotzdem versuchen, kann sich auf jeden Klienten ein-**

stellen. Oft finden Klienten und Headhunter passend zueinander: Jeder Klient bekommt auf Sicht den Berater, den er verdient – und umgekehrt!

Gleiches trifft auch für die Beziehung zwischen Klient und Kandidaten zu. Der gute Headhunter zeichnet sich dadurch aus, genau für diese Beziehung das richtige Gespür zu haben. Sicherlich ließen sich dafür Regeln aufstellen: Konservatives inhabergeführtes, mittelständisches Unternehmen ungleich lebensfrohem, weltgewandtem, dynamischem Schnellaufsteiger. Jedoch ebensooft ließen sich diese Regeln auch wieder umstoßen.

Dem Kandidaten bleibt nichts anderes übrig, als sich seiner eigenen Stärken, Schwächen, Neigungen und Aversionen bewußt zu werden und den Headhunter ganz offen nach seiner persönlichen Einschätzung der Klientenpräferenz zu fragen.

Interessant an jeder Regel sind immer die Ausnahmen und deren gibt es, wenn es um Personalentscheidungen geht, viele.

So beriefen die Gesellschafter des Süßwarenunternehmens *Storck*, geprägt von ihrem Firmensitz im tiefsten Westfalen in der Stadt Halle, den Vertreter eines Großkonzerns zum Leiter ihres aufstrebenden Südostasiengeschäftes. Der frühere Unternehmensberater und ehemalige *Dow Chemical Manager Markus Elsässer* verblüffte damit die gesamte Branche.

Demgegenüber hat ein mittelständischer privater Hersteller von mechanischen Schaltern für die Autoindustrie und weißer Ware im Sauerland seine Prägung letztlich doch nicht überwinden können. Zur Einführung moderner Managementmethoden und zur Durchführung einer Internationalisierung seines Unternehmens hatte der Eigentümer einen in den *USA* promovierten Geschäftsführer eingestellt. Nach einigen erfolgreichen Jahren hatte dieser seine Schuldigkeit getan und wurde wieder »abgestoßen«.

Ein anderer Aspekt der Vorbereitung des Kandidaten auf die Präsentation des Klienten besteht in Hinweisen auf äußere Verhaltensweisen des Kandidaten.

Jeder Headhunter könnte ganze Bücher mit Geschichten

über eigenartiges und kurioses Verhalten von Kandidaten erzählen, die – gemessen an ihren bisherigen Karrierewegen – eigentlich unerklärlich sind. Seriöse Headhunter mit langjähriger Erfahrung weisen unmittelbar nachdem sie ein derartiges Verhalten registriert haben, die Kandidaten auch darauf hin. Einige Fehler, die immer wieder vorkommen, können durch Selbstkontrolle abgestellt werden.

Manchmal ist es auch nur die übergroße Nervosität. So eröffnete ein Kandidat für die Position eines wissenschaftlichen Leiters bei einen Hamburger Hersteller von Zahncreme seine Selbstdarstellung beim Klienten mit der These, daß er Zahncreme eigentlich für überflüssig halte. Da der verständlicherweise erfolglose Kandidat von der Ausbildung her selber Zahnarzt war, blieb diese Äußerung von ihm völlig unerklärlich.

Zur Wirkung auf andere Menschen gehören beispielsweise auch die Körpersignale, die jeder Mensch unbewußt aussendet. Ein zusammengesunkener Körper oder permanent verschränkte Hände und Arme signalisieren dem Klienten nicht gerade unbedingte Offenheit des Kandidaten. Zwar neigen Manager in der Regel nicht zur Unterschätzung der eigenen Person, aber so selten kommen derartige Verkrampfungen dennoch nicht vor.

In der Präsentation sollte der Kandidat darauf achten, daß seine gesamte Haltung gegenüber dem Klienten Offenheit und Aufnahmebereitschaft ausdrückt. Dazu gehört auch, über genügend Zeit zu verfügen und nicht permanent nervös zur Uhr zu schauen. Selbst wenn noch andere Termine drängen sollten, weil ja das eigentliche Geschäft nicht ruhen kann, darf dies der Klient nicht zu spüren bekommen. Er könnte es als Desinteresse am Unternehmen und an der Position auslegen.

Gleichfalls ambivalent ist der Blickkontakt. Er sollte stets gewahrt bleiben, aber niemals so sein, daß der Klient dies als Anstarren empfindet.

Die Begrüßung darf nicht devot ausfallen, mit einem tiefen Diener vor dem Klienten. Auch Kleinigkeiten wie häufiges Senken der Augen bei der Begrüßung als Rücksichtnahme auf den höhergestellten Gesprächspartner können als Schwäche ausgelegt werden. Ähnliches gilt für den Händedruck. Die Varia

tionsbreite liegt zwischen einem bleibenden Schaden an der Hand des Gastgebers und dem vornehmen Händeberühren adliger Damen des 19. Jahrhunderts. Zwischen Brutalität und mangelndem Durchsetzungsvermögen ist die Spanne manchmal gar nicht so groß.
Andererseits versuchen immer wieder auch Klienten, sich durch Äußerlichkeiten wichtig zu machen, um den Kandidaten psychologisch zu beeinflussen. Dicke Aktenbündel, in denen ab und an geblättert wird, die Entgegennahme von Telefonanrufen – sowieso unhöflich – oder ihre Ablehnung, aber so, daß die Bedeutung des Anrufers zum Ausdruck kommt, das häufige **Name Dropping** u. a. m. sollten den erfahrenen Manager nicht beeindrucken.
Wichtig dagegen ist die Sitzordnung. Meistens wird kein konkreter Sitzplatz angeboten, sondern dem Gast höflich die Auswahl gelassen. Der Kandidat sollte versuchen, stets so Platz zu nehmen, daß der Klient ihm gegenüber oder rechts von ihm sitzt. Damit ist die Gesprächsführung für den Klienten angenehmer.

Die wichtigste im Headhunting angewendete psychologische Methode, neben dem Interview, sind psychologische Tests. Sie sind integraler Bestandteil des Auswahlverfahrens.
Der Headhunter kann wesentliche Hinweise auf Besonderheiten im Verhalten des Klienten geben, aber kein Kandidat kann sein eigenes Naturell verleugnen. Konventionen sollten immer bis zu der Zeit berücksichtigt werden, bis zu der solche nicht selber bestimmt werden können.

11 Referenzen – Schlüssellochbeurteilung?

Regelmäßig erhalten »Zeugnisgurus« die Möglichkeit, sich ellenlang in Zeitungen oder Magazinen bedeutungsschwer über den Aufbau und die Aussagen von Zeugnissen auszulassen. In der Realität wird kaum ein Manager ein Zeugnis erhalten, in dem er nicht die Möglichkeit gehabt hat, jedes einzelne Wort selber zu bestimmen. Da die gesetzlichen Regelungen dem zu beurteilenden Manager sehr weitgehende Möglichkeiten der Einflußnahme auf das Zeugnis einräumen, machen sich viele Vorgesetzte auch gar nicht die Mühe, Zeugnisse selber zu schreiben, um sich dann vielleicht darüber mit dem Manager auch noch langwierig auseinanderzusetzen. Die Manager können diese Zeugnisse besser selber schreiben. Alles andere ist heute schon antiquiert. Jeder Personalmanager weiß, daß in den normalen Zeugnissen mehr verschwiegen werden muß, als ausgeschrieben werden kann. Zahlreiche Entscheidungen des Bundesarbeitsgerichts haben dem Arbeitnehmer soviele Einspruchsmöglichkeiten gegeben, daß praktisch in keinem Zeugnis mehr kritische Hinweise enthalten sein können.

Entscheidend sind die mündlichen Stellungnahmen über die Tätigkeit und den Charakter eines Managers.

Referenzen dienen nicht dazu, eine Entscheidungsfindung über den Kandidaten herbeizuführen. Der Klient hat sich ja bereits entschieden. Ausgesprochen selten entscheidet sich ein Klient noch gegen einen Kandidaten, nachdem er verschiedene Referenzen vom Headhunter hat einholen lassen. Genauso selten empfiehlt der Headhunter seinem Klienten nach Einholung der

Referenz, doch noch vom Kandidaten Abstand zu nehmen. Die wesentlichen Eckpunkte, die zur Entscheidungsfindung beitragen, müssen bereits im Vorfeld geklärt werden. Das ist ein wichtiges Merkmal einer ordentlichen Arbeit des Headhunters.

Die Einholung von Referenzen verfolgt das Ziel, zusätzliche Informationen über den Kandidaten zu erhalten, die den vorhandenen Eindruck erweitern, um damit Hinweise für eine bessere Einstellung auf ihn zu erlangen.

Dazu müssen die Referenzgeber aussagefähig sein. Am besten ist ein Mix zwischen Referenzgebern, die dem Headhunter bekannt sind, und Referenzgebern, die der Kandidat gut kennt.

Die Erfahrung besagt, daß fast überwiegend positive Referenzen erteilt werden. Bestenfalls wird daraus ein differenzierendes Bild vom Kandidaten gewonnen. Es gilt die Regel »entweder eine positive Referenz oder gar keine«. Letzteres ist dann allerdings auch eine Aussage.

Auch in dieser Phase ist ein ausgesprochen behutsamer Umgang bei der Einholung von Referenzen angeraten. Der Kandidat hat noch nicht seinen Veränderungswunsch im Unternehmen bekanntgegeben, denn er hat ja bis jetzt nur die Aussicht auf einen neuen Vertrag.

Oft tragen Klienten an den Headhunter schon frühzeitig die Bitte heran, Referenzen einzuholen. Fast immer ist das für ihn nicht möglich. Zum einen würden einfach zu viele Referenzen nutzlos eingeholt werden. Das erfordert nicht nur zusätzlichen Zeitaufwand, sondern würde auch so manche Referenzgeber auf die Dauer ermüden, die dann für unbedingt erforderliche Referenzen nicht mehr zur Verfügung stehen würden. Zum anderen würde damit die Gefahr bestehen, Kandidaten frühzeitig zu dekuvrieren. Spräche sich eine derartige Leichtfertigkeit des Headhunters herum, bekäme er keine guten Kandidaten mehr. **Deshalb können Referenzen erst dann eingeholt werden, wenn der Klient signalisiert, daß er dem Kandidaten einen Vertrag anbieten möchte.**

Allerdings haben die Headhunter bereits im Vorfeld verschiedene Möglichkeiten, Hinweise zu ihren Kandidaten zu erhalten.

Das kann bereits in den telefonischen Kontakten mit den Quellen geschehen, z. B. wenn ein ehemaliger Vorstandsvorsitzender oder ein inzwischen in einem anderen Unternehmen tätiger Vorstand auf einen früheren Mitarbeiter bzw. Kollegen aufmerksam macht.

Zugleich sind die Referenzen eine exzellente Möglichkeit, sich zusätzliche derartige Quellen zu verschaffen, indem vom Kandidaten interessante und aussagefähige Referenzgeber benannt werden, zu denen der Headhunter bisher noch keinen Kontakt hatte.

Auf die Bitte an den Kandidaten, dem Headhunter aussagefähige Referenzgeber zu benennen, erleben die Berater oft kuriose Reaktionen. Nicht selten wird die Antwort der Kandidaten von ihrer Furcht, mit der Veränderungsabsicht zu früh im Unternehmen bekannt zu werden, bestimmt.

Die Reihe grotesker Referenzgeber, die dann benannt werden, reichen von persönlichen Freunden aus Clubkreisen über den Bürgermeister der kleinen Wohngemeinde bis zu den gar nicht so selten mit angeführten Priestern. Am häufigsten werden allerdings die Steuerberater sowie die Wirtschaftsprüfer und die Banker angegeben. Beide Gruppen sind an sich auskunftsfähig. Da sie aber einer gewissen berufsbedingten Schweigepflicht unterliegen, sind sie für den Headhunter wenig ertragreich.

Mit solchen Referenzgebern können sich auch bisher sehr gut aufgetretene Kandidaten disqualifizieren. Gleiches gilt für den Umstand, daß tatsächlich aus früheren Unternehmen keine Referenzgeber zur Verfügung stehen. Dann ist dies Anlaß, das Verhalten in den bisherigen Karrierestufen durch den Headhunter noch einmal genau unter die Lupe zu nehmen. Ein Kandidat mit einer interessanten Karriere muß immer in der Lage sein, Persönlichkeiten aus seiner früheren Tätigkeit zu benennen, die auf Grund ihrer Stellung im Management aussagefähig über ihn sind. In der Regel werden das Vorgesetzte, Beiräte, Eigentümer oder auch Bankenvertreter und wichtige Kunden sein. Auch frühere Kollegen können benannt werden, wenn sie im Management eine Stufe einnehmen, die sie zu solchen wichtigen Aussagen über die Leistung und Persönlichkeit des Kandidaten befähigt.

> **Im Management sein, ist wie ein heißes Bad nehmen. Zuerst wäscht man sich, und dann denkt man nach. Das Problem ist, daß heute zu viele Manager nur noch duschen.**
> *Antoine Rhiboud*

Jeder Kandidat tut also gut daran, rechtzeitig an derartige Referenzgeber zu denken und diese vielleicht schon selber relativ früh anzusprechen, ob sie zu einer Referenz bereit wären. Gefährlich ist es für den Kandidaten, wenn er Referenzgeber angibt, die aus Gefälligkeit Schwächen und Fehler verleugnen oder ihn gar in einem sehr rosigen Licht darstellen. Der Headhunter hat damit genügend Erfahrung, und fast immer fällt ihm dies auf. Er wird exakter nachfragen, und stellt er dann fest, daß er vom Kandidaten und vom Referenzgeber belogen worden ist, haben beide zukünftig keine Chance mehr bei ihm.
In der Regel werden die Referenzen per Telefon eingeholt. Die öfters geäußerte Vorstellung, Referenzen wegen ihrer Bedeutung persönlich einzuholen, ist unrealistisch. Wenn ein Headhunter für sämtliche der 15 bis 20 Positionen, die er pro Jahr besetzt, jeweils wenigstens zwei Referenzen persönlich einholen müßte, wäre er auf Grund der Dezentralisation in Deutschland fast einen Monat nur mit Reisen zu Referenzgebern beschäftigt.

Referenzen von im Management bekannten Persönlichkeiten können in der Karriereplanung ausgesprochen hilfreich sein. Für den Headhunter dienen sie dazu, seinen Eindruck über den Kandidaten zu vertiefen und sich neue Quellen für zukünftige Kandidaten zu erschließen.

Hinweise zum Auftreten des Managers

12

Vor Jahren gab es die berüchtigten dickleibigen Standardwerke zum Verhalten innerhalb der Führungselite Deutschlands. Niemand unter den jüngeren Managern wird diesem Verhaltenskodex wohl nachtrauern. Oberflächlich sieht es so aus, als würden wir in einer Zeit leben, in der der Wandel die einzige Konstante im Leben ist. Trotzdem geht es in der Kommunikation nicht ohne Verhaltensweisen, denen eine breite Zustimmung sicher ist – auch in der nonverbalen.

Wo immer das erste Gespräch auch stattfindet, gibt es einige Grundregeln, deren Beachtung sich positiv auswirkt und die den offenen sowie vorurteilsfreien Einstieg in den Dialog ermöglichen.

Pünktlichkeit

Pünktlichkeit wird in Deutschland sowohl von den Headhuntern als auch von den Klienten immer als fünf bis zehn Minuten vor der vereinbarten Zeit verstanden. Es wird erwartet, daß Verkehrsstaus einkalkuliert werden. Selbstverständlich ist es, daß unvorhergesehene Verzögerungen telefonisch avisiert werden, damit der wartende Partner disponieren und seine Zeit neu einteilen kann.

Erfährt das Büro des Headhunters diese Verspätungen zuerst, wird eine angemessene und freundliche Mitteilung des Malheurs mit Verständnis und Professionalität entgegengenommen. Gemeinsam kann die mögliche Ankunft abgeschätzt werden.

Personalberatungsgesellschaften, bei denen die Mitarbeiter im

Verspätungsfalle abweisend, negativ und arrogant reagieren, dürften nicht zu den besten der Branche gehören. Die Kandidaten stehen zumeist mitten im Berufsleben und müssen die Termine für die Gespräche mit dem Headhunter mit ihren anderen Verpflichtungen so koordinieren, daß diese in ihrem Unternehmen gar nicht wahrgenommen werden. Dafür muß auch ein gehöriges Maß an Verständnis vorhanden sein.
Schusseligkeiten und leichtfertiges Verbummeln werden allerdings selten toleriert. Jedoch gilt auch hier die Macht des Faktischen. Wenn der Headhunter auf den Kandidaten angewiesen und er zudem sehr bekannt ist, muß es dieser auch schon mal mit einem Lippenverziehen bei einer Terminverschiebung bewenden lassen.

Kleidung

Über die Kleidung von Geschäftsleuten sind schon eine Menge Bücher geschrieben worden. Gerade in letzter Zeit sind dabei die Ansichten in Bewegung geraten. Wie immer versuchen superschlaue Analytiker die Ursachen in grundsätzlichen und langfristigen gesellschaftlichen Veränderungen. So wird eine Bewegung von der Berufs- zur Freizeitethik ausgemacht oder die Abwendung vom hierarchischen Denken bemüht, andere Autoren wiederum verweisen auf die Vorbildfunktion Amerikas, wo beispielsweise *IBM* nach dreißig Jahren genereller Verpflichtung auf marineblauen Zwirn jedem Mitarbeiter freistellt, was er anzieht. Während in Asien Dresscodes gang und gäbe sind, weil niemals in der Geschichte dieser Region die Individualität im Vordergrund stand, hat es Derartiges in Deutschland zu keiner Zeit gegeben. Konventionen waren zwar immer vorhanden, aber sie wurden auch immer wieder aufgebrochen. Von Unternehmen zu Unternehmen ließen und lassen sich erhebliche Unterschiede feststellen. Zwischen dem Äußeren der *Deutschbanker* und dem der *Volksbanker* liegen Welten – jedoch wirklich nur auf Grund der unterschiedlichen Klientel?
Einige Regeln haben sich als resistent erwiesen, weil sie etwas mit der Seriosität der speziellen beruflichen Tätigkeit zu tun haben.
Bis auf wenige Ausnahmen im Kreativ-Bereich von Agenturen

ist bei männlichen Kandidaten die Krawatte Pflicht. Es gibt vernünftige Argumente dagegen, doch diese zählen gegenüber Konvention nichts. Gleiches gilt für den geschlossenen obersten Hemdenknopf und eine Bindelänge der Krawatte mit der Spitze am Hosengürtel, der niemals fehlen darf. Alles andere ist außerhalb des Regelverständnisses.

Wie restriktiv dieses Verständnis gehandhabt wird, unterstreicht ein durchaus repräsentatives Beispiel.

Ein mittelständischer Puddinghersteller, in der Nähe von Hannover, wies einen sehr guten Kandidaten für die Finanzdirektorenposition letztlich doch zurück, weil dieser sogar zum zweiten Gespräch mit der Geschäftsleitung ohne Krawatte erschienen war. Möglicherweise war dies sogar zu seinem Vorteil, denn ob er sich mit seiner Einstellung zu den Konventionen in der Bekleidung in diesem Unternehmen wohl gefühlt hätte . . .

Weiße Socken sind – außer beim Tennis – unmöglich. Vor einigen Jahren versuchten einige Manager damit die Konventionen aufzubrechen und sind gescheitert. Kein gehobener Manager trägt Sandalen oder ähnliche nichtgeschlossene Schuhe. Die Schuhe sollten schwarz, niemals braun oder in nur wenigen, geschmacklich mit der übrigen Bekleidung abgestimmten Fällen dunkel-rot-braun sein. Bei Damen sind geschlossene Pumps mit maximal halbhohem Absatz angebracht.

Ein Jackett sollte auch bei Übergewicht locker und spannungsfrei schließen. Starkes Übergewicht wird außerdem als Leistungshindernis und Willensschwäche interpretiert.

Ein Partner von *Egon Zehnder International* hatte den Auftrag, den Mitgeschäftsführer des *Mediamarkts*, der zur *Kaufhof-Holding*, jetzt *Metro*, gehörte, zu suchen. Zum ersten Interview erschien der Kandidat auch völlig korrekt im unauffälligen Anzug gekleidet. Zur Präsentation beim Klienten trat er dann im verwaschenen Rollkragenpullover an. Dem Headhunter fielen fast die Augen heraus. Vielleicht hatte der Kandidat auch gar nicht die Absicht, in den *Kaufhof*-Verbund einzutreten, sondern wollte nur einmal den damals allgewaltigen *Kaufhof*-Chef *Jens Odewald* kennenlernen und seinen Hang zu exzentrischen Ausbrüchen testen.

Erfahrene Headhunter halten die nicht wegzudiskutierenden Präferenzen ihrer Klienten in den Unterlagen fest. So finden sich in der Karteikarte einer Headhunterin über ein mittelständisches Unternehmen die Bemerkungen: »Keine weißen Socken, keine randlose Brille, keine Fliege, keine Haare im Gesicht.«

Damenmode unterliegt weitaus mehr den modischen Trends als die Herrenmode. »Ausreißer« sowohl zur traditionellen als auch zur modischen Seite werden deshalb auch weitaus stärker toleriert. Damen sollten nicht zu kurze Röcke (vor allem bei fehlender Figur) tragen und tiefe Dekolletés sind tabu. Damen sollten weiblich gekleidet sein und nicht, wie gelegentlich gesehen, im männlichen Anzug mit Krawatte auftreten.

Knallige Farben sind nicht angebracht. Es muß jedoch auch nicht immer dunkelblau oder grau sein. Allgemein ist auch auf höchster Ebene eine geschmackvolle, gut abgestimmte Kombination, etwa mit italienischer Modelinie, allerdings klassisch geschnitten, oder im britischen Stil mit guten Stoffen akzeptiert.

Nicht zu vergessen ist natürlich, daß der Kleidungsstil auch von der Funktion des Kandidaten abhängt. Im General Management und bei Finanz-Positionen wird er eher noch konservativer sein, als hier beschrieben. Bei Technikern ist er oft weniger durchdacht und abgestimmt. Die Führungskräfte im Marketing- und Vertriebsbereich lassen es auch mal bunter zugehen.

Eine Grundregel sollte jedoch stets Berücksichtigung finden: Der Oberkörper einer Person wird beim Betrachten immer am stärksten wahrgenommen. Das gilt generell auch für Damen. Damit sind Chancen und Risiken verbunden. Durch bestimmte Kleidung und Accessoires im Kopf- und Brustbereich kann der Eindruck über die Persönlichkeit stärker beeinflußt werden. Gleichzeitig ist jedoch gerade auf diesen Bereich besonders zu achten, weil Fehler hier als erstes auffallen.

Selbstdarstellung

Die Fehler, die in der Selbstdarstellung gemacht werden können, lassen sich treffend an einem besonders negativen Beispiel demonstrieren, das aber weder erfunden ist noch Seltenheitswert hat.

Der ehemalige Geschäftsführer von *Guiness Deutschland* erschien zum Vorstellungsgespräch durchgestylt: Tiefdunkler Anzug, ein blaues Hemd mit weißem Kragen (amerikanischen Fernsehserien aus dem Möchtegern-Milieu nachempfunden), knallroter Krawatte und ein buntes, lebhaft aus der Brusttasche wallendes Schnupftuch. Er war solariumgebräunt und in einer Wolke des neuesten Herrendufts gehüllt. Als Mephisto ging er zum Dr. Faustus.

Der ehemalige Geschäftsführer klopfte dem Berater wie einem alten Freund herzlich aufmunternd auf die Schulter, übernahm dröhnend die Gesprächsführung und monologisierte ausführlich über die neuesten politischen Entwicklungen.

Er hatte sich mit der Inhaberfamilie bereits nach zehn Monaten überworfen und suchte nun etwas Neues. Marketing und Vertrieb waren seine Schwerpunkte, Eigenmarketing offensichtlich aber nicht.

Nach zehn Minuten kommt der Headhunter endlich zu Wort. Er braucht aber nicht sehr lange. Nach einer weiteren Viertelstunde geht das Gespräch zu Ende. Der Geschäftsführer erhält auf seiner Karteikarte beim Headhunter das berüchtigte Out-Zeichen. Seine Vorstellung beim Klienten hätte mehr Mut erfordert, als der abgebrühteste Headhunter bereit wäre, aufzubringen.

Der Geschäftsführer hatte vieles falsch gemacht.

Aber was ist richtig?

Vorab: Es gibt immer die berühmten Ausnahmen, auf die sich jeder, der wegen einer individuellen Eigenart durchgefallen ist, ausführlich berufen kann. Dabei wird aber stets vergessen, daß dies eben Ausnahmen sind. Natürlich gibt es Klienten, denen der Sitz des Hemdenknopfes oder die Farbe des Hemdenkragens und die Länge der Krawatte und weitgehend alles andere auch völlig gleichgültig ist. Nur diese Klienten sind eben auch die berühmten Ausnahmen. Man mag dies bedauern, es ist eben so. Manager sollten nicht vergessen, daß Konventionen auch eine gesellschaftliche Funktion haben. Dadurch, daß sie stabilisieren, ermöglichen sie verläßliche Vergleiche und Bewertungen. Die Geschichte lehrt zwar, daß der gesellschaftliche Fort

schritt immer von denen ausgeht, die die Konventionen mißachten, doch wer mag sich im Management wohl das Urteil anmaßen, wo der gesellschaftliche Fortschritt beginnt!
Darum gelten immer noch folgende Regeln:
Niemals zu modisch und grell sein.
Das Management ist in seiner überwiegenden Mehrheit immer konservativ.
Verantwortung und Vorbildcharakter prägen das Management.
Mit Gags kann man kein Unternehmen leiten.
Kurzfristige Moden sind der Zukunftssicherung des Unternehmens nicht adäquat.
Die Selbstdarstellung muß ausgewogen, dem Zeitrahmen und dem Informationsbedarf des Gesprächspartners angepaßt sein. Sie soll ihren Schwerpunkt dort haben, wo der Kandidat begründen kann, warum die zu besetzende Position durch ihn eine wertvolle Lösung sein kann.
Die in vielen Managerjournalen gegebenen Hinweise für ein gepflegtes Auftreten oder den gekonnten Umgang mit Messer und Gabel erübrigen sich im Headhunting. Eine Person, die sich derartige Tugenden nicht selbständig aneignet, hat keine Chance, in interessante Managementbereiche hineinzukommen. Es gibt Voraussetzungen, die so selbstverständlich sind, daß es sich erübrigt, darüber zu reden.
Ausnahmen treten immer dann auf, wenn einzelne Verhaltensweisen so sehr aus der Masse heraustreten, daß sie eine hohe gesellschaftliche Relevanz erhalten.
Die amerikanische Einstellung zum Rauchen – Behelligung des Gesprächspartners – greift auch immer mehr in Deutschland um sich. Absolut negativ wirkt es sich aus, wenn gefragt wird, ob Rauchen als störend empfunden wird. Klienten, die selber rauchen, empfinden diese Frage fast immer als peinlich. Kettenraucher werden sowieso als willensschwach charakterisiert.
Und: Kein Manager sollte glauben, daß seine Persönlichkeitsmerkmale einzigartig sind und deshalb Peinlichkeiten toleriert werden. Darin haben sich schon viele Kandidaten getäuscht.
Auf keinen Fall sollte der Kandidat seine Selbstbeurteilung durch das Mitführen von Handies oder Notebooks demonstrie-

ren. Notebooks sind Handwerkzeug des Außendienstes. Jeder Manager, der sie für seine Arbeit als unentbehrlich ansieht, benutzt sie dort, wo er ungestört arbeiten kann. Handies benutzen Manager aktiv, denn sie lassen sich nicht anrufen. Deshalb stören sie nur in jedem Gespräch.

Der Kandidat sollte nicht vergessen, daß der Headhunter zum Gespräch eingeladen hat und dieses auch lenken will. Er gibt die Stichworte vor, und der Kandidat muß sich darauf einstellen. Gute Headhunter beantworten aber auch gern kompetente und ausführliche Fragen. Der Tiefgang der Antworten läßt die wirklichen Kenntnisse über den vertretenen Klienten erkennen. Kandidaten können mit intelligenten Fragen viele Informationen über den potentiellen Arbeitgeber erhalten. Das betrifft insbesondere das Klima, den Stil und den Umgang der Führungskräfte miteinander im Unternehmen, was meist weitaus mehr ist, als in den normalen Positionsbeschreibungen steht.

Zuhören können, gezielt und prägnant seine Position darlegen, gute Fragen angemessen stellen, natürlich den Dreßcode zu beachten und dem Headhunter gelassen, offen und entspannt begegnen, das alles sind Voraussetzungen für ein erfolgreiches Gespräch. Der seriöse Headhunter ist im besten Sinne ein Gesprächs-Partner, dem der Manager vertrauen und der den Kandidaten objektiv beraten kann.

Diese Hinweise sind allein Erfahrungswerte der Autoren. Sie stehen nicht für deren Konventionen oder persönliche Präferenzen. Es liegt jedoch außerhalb der beruflichen Intentionen eines Headhunters, die Konventionen im Management zu verändern. So wie in den letzten Jahrzehnten sich manche Konvention geändert hat, wird auch in den nächsten Jahren manche der hier angesprochenen Verhaltensweisen einer anderen Platz machen müssen, wahrscheinlich zum Vorteil. Da jedoch kein Headhunter mit Sicherheit voraussagen kann, welche dies sein werden, sollten die Kandidaten sich an die existierenden halten.

Was tun, wenn der Headhunter nicht klingelt? 13

Füllt die aktuelle Tätigkeit einen Manager aus und ist er dabei nicht nur erfolgreich, sondern verfügt auch über konkrete Aufstiegschancen, dann kommt der Anruf des Headhunters ungelegen. Er kann für ihn in verschiedener Hinsicht aber trotzdem von Nutzen sein.

Er kann im Gespräch mit dem Headhunter Hinweise auf die Situation in der Branche und gegebenenfalls auch auf Wettbewerber erhalten. Zudem kann er seine Marktchancen und auch seinen Preis testen. Beides ist natürlich riskant, denn verprellt er damit deutlich den Headhunter, weil dieser feststellt, nur kostbare Zeit vertrödelt zu haben, werden die Unterlagen über diesen Kandidaten bei ihm ganz nach unten in die Ablage wandern. Noch riskanter wäre es, die Informationsgewinnung bis zu Gesprächen mit dem Klienten zu treiben und dann unter einem Vorwand abzusagen. Das fällt immer irgendwie auf den Headhunter zurück, und sehr leicht kommt der Verdacht auf, daß ein Wettbewerber nur die günstige Möglichkeit, den Klienten auszuhorchen, genutzt hat. Derartiges spricht sich in Deutschland herum und kann bei Wiederholung zu einem Karriereknick des Managers führen. Weder der persönliche Ehrgeiz noch die Loyalität zum Unternehmen dürfen den Manager dazu verleiten, Headhuntern oder anderen Unternehmen Schaden zuzufügen.

Jeder Headhunter wird jedoch für ein völlig unverbindliches Interesse mit deutlichen Aussagen im ersten Gespräch Verständnis haben, wenn sich dies auch für ihn als ein Gewinn erweist. Ein solcher Gewinn kann z. B. darin bestehen, daß er einen hochinteressanten Manager für zukünftige Zusammenarbeit kennengelernt hat, er seinerseits weitere Informationen über die Marktsituation erhält und sogar den Manager als Quelle für seinen aktuellen Suchauftrag gewinnen kann. So gesehen kann sich der Anruf eines Headhunters beim Manager für beide Seiten ertragreich auswirken, ohne daß der Manager zum Kandidaten wird. Auf jeden Fall ist es ein Fehler, wenn der angesprochene Manager bereits am Telefon den Researcher oder den Headhunter unwirsch abweist. Er weiß nicht, wann er ihn einmal benötigt oder wann man sich geschäftlich einmal wieder begegnen wird. So wie der Manager Verständnis für seine Arbeit erwartet, muß er dieses auch für die Arbeit des Headhunters aufbringen.

Bei größeren Headhuntinggesellschaften kommt noch ein besonderer Umstand hinzu. In Deutschland arbeiten in solchen Beratungsorganisationen bis zu 20 Berater zusammen. Diese decken ein gehöriges Spektrum der deutschen Wirtschaft ab. Es ist leicht vorstellbar, welche Kreise dann ein auffällig negatives Verhalten eines Managers ziehen kann.

Die Erfahrung lehrt, daß berufliche Zufriedenheit sich schnell ändern kann. Bereits ein neuer Vorgesetzter oder Vorstandsvorsitzender kann alles Bisherige urplötzlich in Frage stellen. Ungewohnte Turbulenzen können sehr schnell den ganzen Spaß an der Arbeit verderben. Wie nützlich kann es sich in einer solchen Situation erweisen, ungeniert einen Headhunter anzurufen und um Hilfe zu bitten.

Ab einer bestimmten Stufe in der Unternehmenshierarchie (in der Regel Abteilungsleiter und ab ca. 180 000 DM Gehalt) werden die allermeisten Manager irgendwann einmal einen Anruf eines Headhunters erhalten. Passiert dies nicht, sind sie entweder in der falschen Firma oder in der falschen beruflichen Ecke. Ihr Unternehmen hat vielleicht einen sehr schlechten Ruf oder rückständige Produkte sowie keine Öffentlichkeitsarbeit und liegt überhaupt abseits der großen Verkehrs- und Informationsströme. Zu berücksichtigen ist auch, daß die Leiter einer Rechtsabteilung viel seltener gesucht werden als beispielsweise die für den Vertrieb und das Marketing.

Tops und Flops im Headhunting

Tops

Dr. Dieter Vogel
bis: 1985 Vorstandsvorsitzender Pegulan
über: Egon Zehnder
zu: Vorstandsvorsitzender Thyssen Handelsunion
und jetzt des Thyssen-Konzerns

Klaus Knappik
bis: 1994 Geschäftsleitungsmitglied Danzas USA
über: Björn Johansson
zu: Swissair Jacky Meader und jetzt Chef aller Frachtaktivitäten von Swissair (20 000 Mitarbeiter)

Bernd Ehrengardt
bis: 1985 Vertriebsdirektor bei ITT-Schaub-Lorenz
über: Ward Howell
zu: Geschäftsführer Deutschland Bang & Olufsen

Flops

Dr. Manfred Niewiarra
bis: 1991 Syndicus bei Bertelsmann
über: Interconsilium
zu: Vorstand für elektronische Medien bei Springer
1994 erfolgte bereits wieder die Trennung.

Konrad Heede
bis: 1993 Vertriebsvorstand der wuerttembergischen Maschinenfabrik Mueller-Weingarten
über: Interconsilium
zu: Geschäftsführer Expo 2000
1995 erfolgte die Trennung, nachdem er zuvor bereits die auch von Interconsilium plazierten Manager Dr. Ursula Martens-Jeebe und Eberhard Stephani verabschiedet hatte.

Joachim Bieker
bis: 1992 Leiter der Managemententwicklung bei Bertelsmann
über: Tasa
zu: Stellvertretender Vorstand Personal der deutschen ABB
1994 erfolgte wieder die Trennung.

Dieser Wechsel hatte noch ein ungewöhnliches Nachspiel. Der erboste Bertelsmann-Chef Mark Wössner ließ sich von mehreren Headhuntern, darunter so prominenten wie Interconsilium und Heiner Thorborg, schriftlich bestätigen, daß sie darin nicht involviert waren. Ein einmaliger Vorgang.

Question Marks

Dr. Werner Tschollar
bis: 1995 verantwortlicher country medical director bei Schering-Plough
über: Olaf Jürgens Management Consultants
zu: weltweiter Chef für Forschung und Entwicklung der Selbstmedikamentation/consumer products bei Ciba-Geigy

Burkhard Gnärig
bis: Mitte 1996 Chef von terre des hommes
über: Bark, Föhr & Partner
zu: Geschäftsführer Greenpeace Deutschland

Dr. Jürgen Richter
bis: April 1994 Geschäftsführer Medien Union
über: Interconsilium
zu: Vorstandsvorsitzender Axel Springer Verlag AG

Das Ziel eines jeden Managers, der weitere Karrieresprünge beabsichtigt, muß es jedoch sein

- **von den Top-Headhuntern und nicht von unbekannten Personalberatern**

- auf interessante Top-Positionen und nicht auf »Gähn-Positionen«

angesprochen werden.

Um dies zu erreichen, ist es am einfachsten, die Büros von zwei oder drei der bekannten Headhuntinggesellschaften, die sich in der Nähe des Unternehmens befinden, aufzusuchen und sich vorzustellen. Das erfolgt durch die Zusendung des Lebenslaufes, verbunden mit der Bitte um ein Gespräch. Hartnäckigkeit führt dabei meist zum Ziel. Die Headhunter führen viele Kennenlerngespräche, um ihre Datei weiter aufzufüllen.
In diesem Gespräch kann der Manager die wichtigsten Informationen über sein aktuelles Umfeld und sein Verhalten in Richtung nächste Karrierestufe erhalten.
Der Kontakt zum Headhunter muß dann vor allem durch ihn weiter gepflegt werden. Dazu gehören Informationen über Wohnungs- oder berufliche Wechsel genauso wie die obligaten Grüße zum Fest, die zumeist doch nicht mehr als nur ein »Sich-Erinnern« sind.
Besser ist es jedoch, wenn einige der führenden Headhunter – je nach Möglichkeit – in das persönliche Netzwerk miteinbezogen werden. Das können Einladungen zu beruflichen oder gesellschaftlichen Veranstaltungen sein oder auch ein Zusammentreffen während eines besonderen sportlichen Ereignisses. Dem Ideenreichtum sind keine Grenzen gesetzt, denn es gibt außer dem persönlichen Fingerspitzengefühl – vor allem um Peinlichkeit und Aufdringlichkeit zu vermeiden – keine Regeln.
In der besten Position befinden sich selbstverständlich diejenigen Manager, die über die Möglichkeit verfügen, Headhuntingaufträge zu vergeben. Ihnen wird dann gelegentlich sogar eine gewisse Arroganz vergeben. Beachtet werden sollte aber, daß solche Aufträge nicht erst drei Wochen bevor der Manager selber um Hilfe anruft, erfolgen. Die Absicht ist dann doch allzu vordergründig, und nicht wenige Headhunter achten auf Stil.
Versagen alle erwähnten Anstrengungen oder können aus irgendwelchen Gründen gar nicht erst unternommen werden,

dann kann der Manager immer noch auf die altbewährte AIDA-Formel zurückgreifen:

1. Stufe ATTENTION
Zunächst einmal muß dem Headhunter bekannt werden, daß es Sie überhaupt gibt. Werden Sie deshalb öffentlich. Verfassen Sie Fachbeiträge, sprechen Sie auf Fachveranstaltungen, versuchen Sie, Interviews zu geben, treten Sie Clubs (Marketingclub, Rotary, Lions, Industrieclubs, Golfclubs usw.) bei. Versuchen Sie Ehrenämter in der IHK, in Wirtschaftsverbänden, Standesvertretungen u. ä. zu erlangen.
Wenn Sie innerhalb dieser Stufe etwas erreicht haben, gehen Sie über zur

2. Stufe INTEREST
Jetzt sind Sie bereits als eine interessante Person aufgefallen. Durch Ihre öffentliche Profilierung verbindet man bestimmte Stärken mit Ihnen. Versuchen Sie, dieses typische Image weiterhin auszubauen, indem Sie für den Headhunter zugängig sind. Seien Sie offen für Kontakte, hören Sie sich an, was man Ihnen erzählt, und versuchen Sie konstruktiv weiterzuhelfen, wenn darum gebeten wird. Sie müssen nicht immer und überall dabei sein, Gespräche zu führen, aber Sie sollten als interessanter Gesprächspartner gelten.

3. Stufe DESIRE
Begehrenswert sind Sie allerdings nur, wenn Sie neben Ihrer »Öffentlichkeitsarbeit« auch eine saubere, geradlinige Karriere vorweisen. Planen Sie deshalb Ihre Berufsschritte vorsichtig. Überlegen Sie gut, wann ein Wechsel wirklich sinnvoll und nicht nur scheinbar lukrativ ist, und vermeiden Sie Pokerspiele mit dem Headhunter, die nur dazu dienen, Ihren Marktwert zu testen. Gehen Sie nicht auf jedes Angebot ein, ohne jedoch bei Zurückweisung von Offerten arrogant, brüsk oder negativ zu sein.

4. Stufe ACTION
Wenn Sie dann ein wirklich spannendes Angebot erhalten,

haben Sie die letzte Stufe erreicht. Jetzt müssen Sie zupacken, indem Sie alles für den Karrieresprung Erforderliche zusammen mit dem Headhunter ablaufen lassen. Sie müssen durch Wort und Tat zeigen, daß Sie bereit sind, zum gegebenen Zeitpunkt einen Wechsel durchzuführen.

Selbstverständlich stellt diese Methode nur eine gedankliche Orientierung dar, Verabsolutierungen sind schädlich.

Jeder erfolgreiche Manager gerät einmal auf die Telefonliste eines Headhunters. Er kann dies aber auch selbständig steuern, indem er die Initiative ergreift. Er bestimmt damit seine weitere Karriere.

Was passiert im Non-Profit-Sektor? 14

Jahrzehntelang wurde der Non-Profit-Sektor von karrierebewußten Managern links liegengelassen. Für Headhunter war er kein Akquisitionsfeld. Die in diesem Sektor gezahlten Gehälter waren im Vergleich zu denen der freien Wirtschaft einfach zu niedrig. Die Führungskräfte hatten in diesem Bereich auch Aufgaben zu erledigen, die mehr Verwaltungs- und oft Beamtencharakter trugen. Das traf auf die großen nationalen Wohlfahrtsorganisationen zu, die einen umfangreichen Apparat mit zahlreichen oberen Leitungspositionen unterhielten, ebenso wie auf die Position des Verwaltungsdirektors in den größeren Krankenhäusern und Kliniken und selbstverständlich auch auf die zahlreichen staatlichen Verwaltungen der verschiedensten Ebenen. Darum war auch lange Zeit gar nicht so richtig bekannt, allein welche Dimensionen der Non-Profit-Bereich umfaßt.

Zum Non-Profit-Bereich gehören immer noch folgende Einrichtungen:

- **nationale und internationale Hilfsgesellschaften und Wohlfahrtsorganisationen sowie die von ihnen betriebenen Einrichtungen und Dienste (Krankenhäuser, Altenheime, ambulante sozialpflegerische Dienste u. a. m.),**
- **Kommunal- und Regionalverwaltungen und deren Einrichtungen,**
- **nachgeordnete Länder- und Bundesverwaltungen bzw. Institute u. ä.,**

- **öffentlich-rechtliche Anstalten (Rundfunk- und Fernsehsender),**
- **kirchliche Einrichtungen,**
- **Krankenkassen und Sozialleistungsträger,**
- **Bildungseinrichtungen (Hochschulen, Universitäten u. ä.),**
- **Hilfsverbände, gemeinnützige Vereine u. ä.,**
- **Sportverbände,**
- **Wirtschafts- und Berufsverbände, Genossenschaften.**

Diese Einrichtungen unterlagen weitgehend dem öffentlichen Recht und besetzten ihre freien Stellen mittels öffentlicher Ausschreibung. Eine Personalberatung hatte in diesem Bereich, der immerhin mehrere Millionen Menschen beschäftigt, keine Chance. Die Auswahl der mittleren und oberen Führungskräfte beruhte häufig auf verbands- oder parteipolitischen Absprachen und Laufbahnvorschriften.
Erst in den letzten Jahren begann in diesem Bereich ein grundlegender Wandel, der sich jedoch immer mehr beschleunigt. Ausgelöst wurde er von den leeren Kassen des Staates, denn alle diese Einrichtungen hingen in vielfältiger Weise von den Finanzierungen der Kommunen, Länder und des Bundes ab. Die ursächliche Entwicklung vollzog sich jedoch allmählich zuerst im Inneren dieser Organisationen, als Reflex der Veränderung des gesamten gesellschaftlichen Umfeldes. Einerseits explodierten förmlich die Aufgaben und damit auch die Beanspruchung dieser Einrichtung durch die Gesellschaft. Andererseits nahm der Wettbewerbsdruck von seiten der freien Wirtschaft auf diese Einrichtungen enorm zu. Ihr Nutzer trat ihnen als Kunde entgegen. Er erwartet eine Dienstleistung, und diese vergleicht er mit seinen Erfahrungen im Profitbereich. Der Weg des Staates, darauf mit immer neuen und komplexeren gesetzlichen Regelungen zu reagieren, ließ diese Einrichtungen nur noch inadäquater auf die Herausforderungen der Umwelt reagieren. Sie sind funktionsuntüchtig geworden. Die großen Bürokratien haben ausgedient.
Die Welt, für die diese Einrichtungen einmal geschaffen waren, hat sich ganz erheblich verändert. Deshalb wurde das

alte Korsett diesen Non-Profit-Einrichtungen zu eng, so daß die Wahrnehmung ihrer traditioneller Aufgaben in Gefahr geriet. Wesentliche Aufgaben mußten neu definiert werden.

Die Lösung hieß Verselbständigung und Privatisierung. Wurde vollständig privatisiert, wie beispielsweise bei der *Lufthansa*, stand nicht mehr der gesetzliche Auftrag, sondern die Gewinnorientierung im Vordergrund. Konsequenterweise löste deshalb auch ein Branchenmanager, nämlich *Jürgen Weber*, den ehemaligen Politiker *Heinz Ruhnau* als Vorstandsvorsitzenden ab.

Für andere Einrichtungen ergibt sich eine Zwittersituation. Der gesetzliche oder der karitative Auftrag bleibt bestehen, aber die Notwendigkeit einer weitgehenden Eigenfinanzierung wird ihren wirtschaftlichen Charakter verändern. Aus einer Stadtverwaltung wird eine kommunale Dienstleistungseinrichtung werden. Erstmalig erkennt der Non-Profit-Bereich, daß er in Kostentermini denken muß und er auch in einem Wettbewerbsverhältnis steht. Er erbringt Dienstleistungen für den Bürger, und dieser erwartet als Kunde eine bestimmte Qualität.

Das betrifft auch seine Mitarbeiter. Breitet sich Frust in diesen Einrichtungen aus, wandern die motivierten Führungskräfte in die freie Wirtschaft ab. Besonders bekannt ist dieser Trend aus den Finanzverwaltungen, in denen der Gesetzgeber durch einen Steuerdschungel eine engagierte Tätigkeit immer mehr zur Farce macht, aber die Wirtschaft sehr gern Personen beschäftigt, die sich darin wenigstens noch halbwegs auskennen.

Aus Kostengründen muß der Staat auch viele Einrichtungen, wie z. B. Krankenhäuser, zwingen, sich an Wirtschaftlichkeitsmaßstäben zu orientieren. Dadurch hat sich die Nachfrage nach hochqualifizierten Managern erhöht.

Der Begriff Management ist im Non-Profit-Bereich kein Fremdwort mehr.

Ein Gehalt zwischen DM 200 000 und 300 000 für Geschäftsführer in größeren Krankenhäusern und Kliniken ist deshalb auch keine Seltenheit mehr. Die Leiter wichtiger nachbehördlicher

Einrichtungen können auch ohne ein Ausschreibungsverfahren eingestellt werden. Derartige Manager finden sich nur selten über Zeitungsannoncen oder ein internes Beziehungsgeflecht. Häufig kommen sie aus der freien Wirtschaft.
Es entwickelt sich im Non-Profit-Bereich auch ein neues Berufsbild für Führungskräfte. Eine Karriere innerhalb verschiedener Non-Profit-Organisationen oder ein Wechsel zwischen dem Profit- und dem Non-Profit-Bereich ist genauso lukrativ wie früher ausschließlich innerhalb der freien Wirtschaft.

Stellst du einen Mann an die Spitze,
mag er sein, was er will,
Jurist oder Techniker, bewährt er sich,
so ist er ein Kaufmann.
Walther Rathenau

Damit begann die Stunde der Headhunter auch im Non-Profit-Bereich. Die Suchaufträge nehmen in diesem Bereich zwar nicht rasant, jedoch stetig zu.
Für die großen Privatisierungen des Staates, wie bei der Post, der Telekom und der Bahn konnten herausragende Managementpersönlichkeiten geworben werden. *Ron Sommer*, der von dem Sessel des europäischen Sony-Chefs auf den des Chefs der Telekom wechselte, hätte sicherlich auch eine Chance in anderen bedeutenden Industriefirmen erhalten. Bisher konnten Manager für solche Wechsel aber vor allem dort gewonnen werden, wo das Staatsunternehmen einen sehr hohen Umsatz aufwies und die Herstellung einer weitgehenden Wettbewerbssituation recht nah war. Noch immer zu häufig scheitern die Bemühungen, Manager zu einem Wechsel aus der freien Wirtschaft in den Non-Profit-Bereich zu bewegen, an den geringeren Einkommensmöglichkeiten und den unbeweglichen politischen Rahmenbedingungen, die den Handlungsspielraum einengen. Zudem ist vielen politischen Verantwortlichen in diesem Bereich noch nicht bewußt, daß die Zusammenarbeit mit einem

Headhunter nicht Geld kostet, sondern Geld einspart, weil das der effektivste Weg ist, den besten Manager zu finden.

Der Non-Profit-Bereich befindet sich nicht mehr außerhalb des Wettbewerbs. Die Anforderungen an das Management nähern sich denen der freien Wirtschaft an. Ein Wechsel zwischen beiden Bereichen wird bald zur Normalität gehören.

Gibt es besondere Karrieren für Frauen? 15

In der Liste der lieferbaren deutschsprachigen Titel des Buchhandels finden sich unter dem Stichwort »Karriere« etwa über einhundert Buchtitel. Darunter sind allein 38 Bücher, die sich speziell mit der Karriere der Frau beschäftigen. Ein Drittel aller Titel konzentrieren sich also auf eine spezielle Zielgruppe.

Worauf weist das hin?

Sind Frauenkarrieren gerade »in«, weil die Gesellschaft dieses Thema entdeckt hat?

Besteht ein erheblicher Mangel bei gleichzeitigem wachsenden Interesse an Hinweisen, wie Frauen besser Karriere machen können?

Weisen Frauenkarrieren Besonderheiten auf, die extra beschrieben werden müssen?

Umfassen Frauenkarrieren einfach die Mehrheit der Karrieren und nehmen demzufolge auch den relativ größten Teil der Literatur ein?

Letzteres ganz sicher nicht. **Der Anteil der weiblichen Führungskräfte mit einem Jahreseinkommen von über DM 150 000 liegt nach Schätzungen um drei Prozent.** Eine exakte Statistik existiert darüber jedoch nicht.

Das wäre auch nicht sinnvoll, weil dann nämlich viele andere auch ihre Statistik verlangen würden. Das wiederum würde die Brüsseler Bürokraten auf diese Lücke aufmerksam machen, und sie hätten erneut ein Feld gefunden, auf dem sie ihre Daseinsberechtigung beweisen könnten. Sie müssen es ja nicht

bezahlen. Das müssen immer nur die Unternehmen und in deren Folge die Konsumenten.
In den meisten dieser Bücher werden zwei Besonderheiten der Frau hervorgehoben.
Erstens sind die Frauen in der Wirtschaft unterrepräsentiert. Diese Aussage ist unstreitig. Man kann sie sogar noch verschärfen. In kaum einer anderen Berufsgruppe – es sei denn per definitionem wie bei den katholischen Priestern – oder in anderen Bereichen der Gesellschaft sind anteilmäßig derartig wenige Frauen vertreten.
Zweitens seien die Frauen bessere Manager, weil ihre weiblichen Eigenschaften, wie Einfühlungsvermögen oder geringere Aggressivität, sie dafür besser prädestinieren. Darauf bauen dann zahlreiche Hinweise auf, wie sich Frauen in der Männerwelt des Managements durchsetzen müßten.
Eine solche Aussage läßt sich aber niemals verifizieren. Sie ist einfach eine Unterstellung. Auch die Autoren finden diese Meinung in ihrem Berufsleben nicht bestätigt. Einer der Autoren hatte als junger Wissenschaftler eine Professorin zur Vorgesetzten. Später unterstand er als habilitierter Wissenschaftler für kurze Zeit wiederum einer Professorin. Als Direktor einer Großbank war er Vorgesetzter von etlichen sehr qualifizierten Frauen und hatte danach in seiner Tätigkeit als Unternehmensberater auch mit Managerinnen zu tun. In seiner Ausbildungszeit hatte er in den Ferien regelmäßig in einem Großunternehmen am Fließband als einziger Mann unter 25 jungen Frauen gearbeitet. Zu keiner Zeit seiner beruflichen Entwicklung konnte er grundsätzliche Unterschiede in der generellen Herangehensweise bei der Lösung beruflicher Aufgaben zwischen Frauen und Männern feststellen. In der Tendenz wurde zwar mehr über Kindererziehung als über Sex gesprochen, und die Frauen verhielten sich partiell weniger aggressiv als die Männer, aber geschlechtsspezifisch andere Methoden waren nicht zu erkennen.
Sicherlich ist dies eine Einzelbeobachtung, und immer ist es möglich, die vorwurfsvolle Frage zu stellen, ob ein Mann wirklich auskunftsfähig über Frauenkarrieren ist!

Aus dem Blickwinkel des Headhunters hat sich die Einstellung gegenüber den Karrieremöglichkeiten von Frauen rasant verändert. In der Mehrzahl der Unternehmen hat sich in dieser Frage fast eine Kulturrevolution vollzogen. Von wenigen Ausnahmen abgesehen hören Headhunter von ihren Klienten immer wieder die Auffassung: »Suchen Sie mir bitte auch eine Kandidatin!« Dabei gibt es keine pauschalen Unterschiede zwischen Mittel- und Großunternehmen. Eine Partnerin bei *Ward Howell, Jutta Lohkampff,* arbeitete langjährig mit einem mittelständischen Unternehmen im Medienbereich mit 150 Millionen DM Umsatz zusammen. Es war ihr gelungen, dreimal Frauen in verschiedene Führungspositionen hineinzubringen. Die erste zog bereits nach einem Jahr mit ihrem Freund in eine entferntere Region. Die zweite wurde nach drei Jahren erstmalig Mutter und die dritte gab nach vier Jahren ungemein erfolgreicher Tätigkeit den ständigen Nörgeleien ihres Mannes, nun doch endlich nicht mehr so viel zu arbeiten, nach und ging infolgedessen dem Unternehmen auch verloren. Verständlicherweise legte der Klient bei der vierten Suche nicht mehr ausgesprochen großen Wert auf eine Frau unter den Kandidaten.

> **Oft gibt eine Dummheit den Menschen viel zu denken auf. Nicht geschehene Taten lösen häufig einen katastrophalen Mangel an Folgen aus.**
> ***Stanilaw Jerzy Lec***

Viele Töchter amerikanischer Unternehmen erwarten sogar von den mit ihnen zusammenarbeitenden Headhuntern proportionale Besetzungen. Dies ist auf den Druck der Veränderungen in den USA zurückzuführen.

Das Gegenteil stellt dann ein mittelständisches Unternehmen im Maschinenbau dar. Der Geschäftsführer lehnte für die Leitung seines Außendienstes von vornherein jedwede Kandidatin mit der Bemerkung ab: »Meine konservative Kundenklientel goutiert keine Frau als Führungskraft in meinem Außendienst. Mit einem Mann bin ich immer auf der sicheren Seite.«

Zahlreiche Geschäftsleitungen erkennen inzwischen, daß ein höherer Frauenanteil unter den Führungskräften ihren Unternehmen guttun würde. Interessanterweise wird dabei viel Wert auf Frauenpersönlichkeiten gelegt, die eine Verankerung in ihrer Familie haben. Auf Grund ihrer Berufspraxis und ihrer Verantwortung für die Familie sind sie in der Lage – so die Erfahrung der Unternehmen –, problematische Fragen auf den Punkt zu bringen und durch pragmatische Lösungen zu überleben.

Auch bei denjenigen Suchen, bei denen der Klient nicht auf eine Kandidatin ausdrücklichen Wert gelegt hat, wird fast immer die Präsentation einer Frau im nachhinein als ausgesprochen positiv empfunden.

Das Hauptproblem besteht für die Headhunter jedoch darin, daß ihnen bei weitem nicht genügend Kandidatinnen zur Verfügung stehen. Eine Lösung zeichnet sich erst durch eine neue Generation von jungen Frauen in Führungskräftepositionen ab.

Die heutige Generation schafft dafür zwar die Voraussetzungen, sie kann aber noch nicht die Erfolge ausnutzen. In Deutschland wurde schon vor vielen Jahrzehnten eine gute Ausbildung für eine Frau als hilfreich angesehen. Allerdings nicht im Sinne einer späteren Karriere, sondern als zeitweilige berufliche Absicherung und als bessere Voraussetzung für die Suche nach einem geeigneten Ehepartner. Das hat sich in den letzten Jahrzehnten gewandelt. Die Ausbildung der Frauen, die heute auf dem Höhepunkt ihrer beruflichen Entwicklung stehen, wurde bereits mit dem langfristigen Ziel der individuellen Einkommenssicherung begonnen. Aber erst die jetzt ihre Karriere aufnehmenden Frauen haben ihre Ausbildung mit der klaren Zielsetzung einer mit den Männern vergleichbaren Karriereentwicklung durchgeführt.

An den Universitäten halten sich Frauen und Männer bei der Immatrikulation noch die Waage. Im weiteren Verlauf scheiden dann jedoch mehr weibliche als männliche Studenten aus. Das

tritt vor allem in denjenigen Fachrichtungen ein, in denen der Leistungsdruck traditionell recht stark ist. In diesen Gebieten erreichen auch deutlich weniger Studentinnen einen Abschluß. Diejenigen Frauen, die jedoch diesen Weg durchstehen, zeigen in ihrem Beruf dann tendenziell bessere Leistungen.
Viel zu viele aussichtsreiche Karrieren werden auch heute noch immer durch die Gründung einer Familie unterbrochen oder sogar völlig beendet. Zwar wird eine Familie heutzutage tendenziell immer später gegründet, aber sie bleibt eine einschneidende Zäsur.
Die Unterschiede zu früheren Verhaltensweisen sind jedoch auch markant und wirken sich zukünftig stärker aus. Frauen lernen zielorientierter zu leben. Die Lebensplanung erfolgt immer häufiger in Kombination mit einer Karriereplanung. Die bisher recht unterschiedlichen Prioritäten in der Lebensplanung beginnen sich einzuebnen. Die verschiedenen Wertigkeiten in der Karriere werden zwar niemals vollständig aufgehoben, aber sie nähern sich weiter an.
Auf Grund der geringen Anzahl von potentiellen Kandidatinnen würden in deutschen Unternehmen Quotenregelungen für das obere Management wirkungslos bleiben. Dies schließt jedoch nicht aus, daß die Möglichkeiten für den weiblichen Nachwuchs weiter verbessert werden müssen. In amerikanischen oder skandinavischen Unternehmen ist beispielsweise bereits ein breiteres Potential im Mittelmanagement vorhanden.
Die immer wieder geäußerte Idee, durch flexiblere Arbeitszeitgestaltung die Möglichkeiten für den weiblichen Managementnachwuchs zu verbessern, stößt bei im oberen Management erfahrenen weiblichen Führungskräften nur auf Kopfschütteln. Arbeitszeiten von 50 und 60 Stunden sind auf diese Ebene normal und werden sich auch nicht reduzieren lassen.
Die Berliner Finanzsenatorin, *Annette Fugmann-Heesing*, konnte diese Position nur antreten, weil sie mit ihrem Mann eine Regelung traf, die auf eines der grundlegenden Hindernisse für stabilere Frauenkarrieren hinweist. Ihr Mann pausierte in seinem Beruf und übernahm für einige Zeit die wesentliche Erziehungsaufgabe der Kinder. Für diese Lösung gibt es zahl-

reiche Pro und Kontras. Eine Antwort dafür kann nur die Zukunft geben, denn gesellschaftlichen Einstellungen wandeln sich nicht abrupt und mögliche biologisch-psychische Konsequenzen zeigen sich erst nach längerer Zeit.
Interessanterweise weisen bereits beim Research die Reaktionen von Kandidatinnen und Kandidaten Unterschiede auf. Sie sind zwar nicht gravierend, aber auch nicht unbedeutend.
Im Unterschied zu männlichen Kandidaten kommen weibliche Kandidaten viel schneller zur Sache und reden weit weniger um das Ziel der Ansprache herum. Allerdings wollen auch zu wenige wechseln. Sie haben sich im Unternehmen nach oben gekämpft und befürchten, in einem neuen Unternehmen selbst auf einer interessanteren Managementposition erneut mit Akzeptanzproblemen ringen zu müssen. **Häufig mußten sich Managerinnen ihre Souveränität erst hart erarbeiten und wollen sich dieser Tortur nicht noch einmal unterwerfen.**
Hinzu kommt, daß sie tendenziell beruflich belasteter sind. Sie können weit seltener auch mal »Nein« sagen. Wenn es um eine zusätzliche Projektarbeit geht, ist die typische Antwort einer männlichen Führungskraft »Das tut mir leid, denn die Aufgabe ist ausgesprochen reizvoll, aber leider bin ich bis zur Halskrause mit anderen Aufgaben voll.« Die Antwort der weiblichen Führungskräfte lautet dann eher: »Mal sehen, wie ich diese Aufgabe noch einbauen kann.«
Zudem finden Frauen anfangs immer noch schwerer zu einem gemeinsamen Konsens. Ihr Harmoniebedürfnis ist traditionell stark ausgeprägt. Das ist jedoch eine Übungssache und im Laufe der Karriere vertreten sie ihre Position und bringen sie über die Auseinandersetzung in einen gemeinsamen Kompromiß ein.
Erstaunlich ist ebenso, daß Frauen, die eine ungewöhnliche Karriere gemacht haben, häufig die in der Vergangenheit zweifelsohne vorhandenen geschlechtsspezifischen Schwierigkeiten wegleugnen wollen. Sie wollen die Anfeindungen, die sie durchzustehen hatten, dann nicht mehr wahrhaben.
Während Männer das erste Gespräch beim Headhunter mit einer ausführlichen Selbstdarstellung beginnen, kommt es rela-

tiv oft vor, daß Frauen das Gespräch mit selbstkritischen Reflektionen eröffnen. Sie sind es nicht so sehr wie ihre männlichen Berufskollegen gewohnt, sich beruflich darzustellen und derartige Gespräche auch als Selbstverkaufsgespräche anzusehen.

Generell verweisen Headhunter darauf, daß bei einer Personalentscheidung in der Regel inzwischen nach der Sachkompetenz und nach der persönlichen Kompetenz entschieden wird. Immer seltener beeinflußt auch die Figur die Karriere. Die Strukturen in manchen Unternehmen, die dem immer noch entgegenstehen, werden abgebaut.

Es sollte nicht versucht werden, auf der Tatsache eine Frau zu sein Karriere zu machen. Es sollte aber auch nicht geleugnet werden, daß eine Frau mit Charme sagen kann, was sie will und nicht der verbohrten Ernsthaftigkeit so mancher Männer folgt.

Bekannte Headhunterinnen bei einigen bedeutenden Headhuntingorganisationen:
Birgit Beckmann: Egon Zehnder
Dr. Gabriele Werner: Amrop Mülder
Margarita Koennecke: Russel Reynolds
Jutta Lohkampff: Ward Howell
Sabine Wehle: Heidrick & Struggles
Dr. Gabriele Willner-Lange: TASA

Im modernen Management gibt es keine besonderen Frauenkarrieren und auch keine grundlegenden geschlechtsspezifischen Managementfähigkeiten. Die Besetzung der offenen Positionen werden nach Sach- und persönlicher Kompetenz entschieden. Da insgesamt zu wenig Frauen als Kandidatinnen zur Verfügung stehen, können Quotenregelungen nur partiell wirksam sein. Dadurch haben Frauen vergleichsweise größere Chancen bei Karrieresprüngen.

Management-Audits

16

Obgleich Management-Audits (gelegentlich auch als **Appraisals** bezeichnet) in deutschen Unternehmen noch nicht sehr weit verbreitet sind, haben einige spektakuläre Audits auch in der Presse für breite Aufmerksamkeit gesorgt, so das von *Egon Zehnder International* 1993 bei der *FAG-Kugelfischer* mit rund 140 Führungskräften durchgeführte Audit.

Audits werden in Zukunft ein wesentliches Instrument für die Personalführung und die Karriereentwicklung sein.

Bisher wurden sie nur in ungewöhnlichen Unternehmenssituationen eingesetzt, in denen kurzfristig ein Überblick über die Potenzen des Managements benötigt wurde. Dazu gehörten vor allem:

- Strategie- oder Strukturveränderungen (Auftreten neuer Wettbewerber, Deregulierung von Märkten, Einführung neuer Managementkonzepte u. a. m.),
- Privatisierungen,
- Unternehmenskäufe und -zusammenschlüsse,
- weitgehender Wechsel der Geschäftsleitung,
- Krisensituationen.

Es ist absehbar, daß Audits zukünftig in regelmäßigen Abständen in mittelgroßen und größeren Unternehmen eingesetzt werden. **Audits sind Potentialanalysen der Führungskräfte.** Die vorhandene Führungsmannschaft soll kritisch durchleuchtet werden. So wie eine Stärke- und Schwäche-Analyse für das

Gesamtunternehmen sinnvoll ist, müssen derartige Analysen auch für das Management durchgeführt werden. Da die alte Kontinuität des Managements dahin ist, müssen andere Methoden angewendet werden, um eine kontinuierliche Qualitätsverbesserung der Führungskräfte zu erreichen. Eine Überprüfung der Wettbewerbssituation wird ohne Adjustierung des Managementspotentials kaum Konsequenzen zeigen können. Nur in regelmäßigen Abständen durchgeführte Audits offenbaren das Entwicklungspotential – und die Schwachstellen des Managements.

Wesentlich für ein Audit ist die klare Zielsetzung, also was mit dem Audit erreicht werden soll und was mit ihm nicht beabsichtigt ist.

Das Vorgehen beim Management-Audit

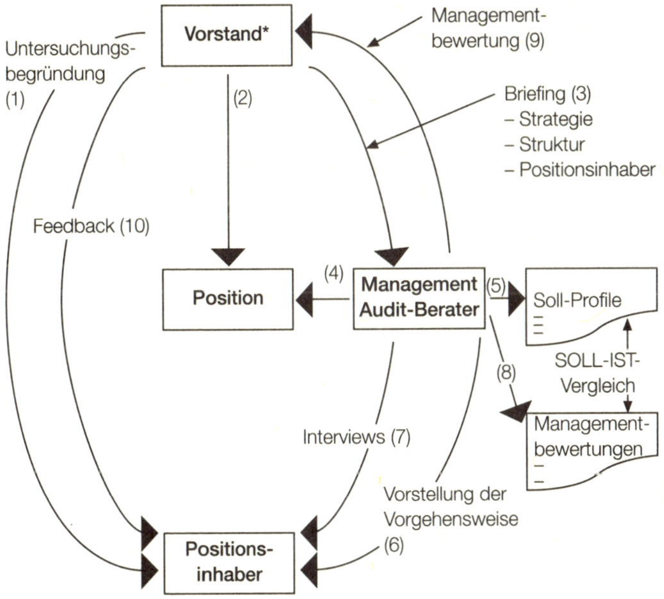

* Plus Aufsichtsrat/oder Vorstand Muttergesellschaft

Quelle: R. Dahlems (Hrsg.): Handbuch des Führungskräftemanagements, München 1994

Jedes Audit hat zwar das Ziel einer Bestandsaufnahme der Ressourcen des Managements, um diese Zustandsbeschreibung sodann als Instrument der Geschäftsleitung zu verwenden. Da der konkrete Anlaß dafür jedoch verschieden sein kann, kann die konkrete Ausrichtung des Audits auch erheblich variieren.

Voraussetzung für ein Audit ist ein umfangreiches Briefing der Headhunter über die Strategie des Unternehmens, sodann seine aktuelle Struktur und das Anforderungsprofil an die einzelnen Managementpositionen. Im Anschluß an die Einzelinterviews bewerten die Berater diese und schlagen dem Klienten gegebenenfalls Veränderungen vor, nicht in der strategischen Ausrichtung des Unternehmens, wohl aber zur personellen Struktur und am stärksten zu den Bewertungskriterien der Positionen.

Nachdem die Führungskräfte über diese Ergebnisse informiert worden sind, einschließlich des Ablaufes des Audits, beginnt der Kern des Audits. Das sind Einzelgespräche von wenigstens zwei Headhuntern mit den Managern. Einer der Berater muß eng mit der Branche des Unternehmens und einer mit dem Berufsprofil des Managers vertraut sein. In diesen Gesprächen stehen die berufliche Entwicklung des Managers, die Situation des Unternehmens und seines Verantwortungsbereiches sowie die Zukunftsvorstellungen des Managers darüber im Vordergrund. Das Interview soll also die Motivation des Managers transparent machen.

Ein Einzelinterview dauert nicht länger als zwei Stunden, es sollte aber auch nicht weniger als eine Stunde in Anspruch nehmen.

Seriöse Audits nehmen auch Referenzprüfungen der einzelnen Interviewpartner durch Gespräche mit Kollegen und Vorgesetzten vor, um so ihre Einschätzungen zu überprüfen und zu einem Gesamtbild zu gelangen. Oft führen die Referenzen auch zu präziseren Einschätzungen des Referenzgebers.

Resultat des Audits ist dann ein Statusbericht, der aus den einzelnen Interviews und einer Gesamteinschätzung besteht. So kann beispielsweise eine Matrix erstellt werden, in der die Ver-

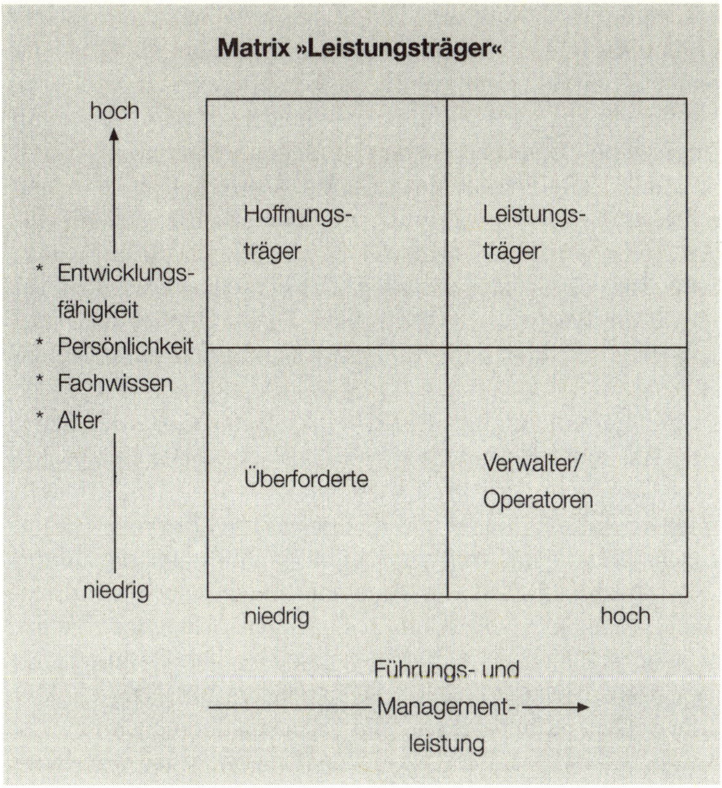

teilung der Leistungsträger, der Hoffnungsträger, der Verwalter und der Überforderten plastisch sichtbar gemacht wird.
Ein Audit als externe Untersuchung des Managements liefert exakte Informationen über das Innenleben eines Unternehmens. Zusätzlich zu den Aussagen zum Managementpotential bietet es generelle Angaben über

- die Kultur,
- den Führungsstil,
- die Strategie

des Unternehmens.

Abschluß des Audits ist die offene Kommunikation seiner Ergebnisse im Unternehmen. Diese betrifft aber nur die Managementsituation, nicht jedoch die Einzelbewertungen. Genau wie für ein komplettes Unternehmen können Audits auch nur für einzelne Unternehmensteile durchgeführt werden.
Ein Audit ist kein Assessment Center. Es werden keine psychologischen Tests durchgeführt und keine Testfragen gestellt. Das Audit wird auch nicht für Nachwuchskräfte eingesetzt, dafür wäre es viel zu aufwendig. Die Einzelbewertung ist Teil der Gesamtbewertung. Wie in einem Puzzle werden die Einzelgespräche als Bausteine zu einem Gesamtbild zusammengesetzt.
Es gibt jedoch Audits, die Resultate liefern, die mit denen eines Assessment-Centers vergleichbar sind. Der Personalberater *Georg von Westerholt* hatte einmal den Auftrag erhalten, in einem mittelständischen Familienunternehmen des Spezialmaschinenbaus im Großraum Köln ein Audit durchzuführen. Das wesentliche Ziel des Audits bestand jedoch darin, die Managementfähigkeiten von zwei jungen Managern, die aus zwei unterschiedlichen Familienstämmen der Gesellschafter stammten, herauszufinden und Vorschläge für ihren effektivsten Einsatz zu entwickeln. Die Familienstämme waren nicht gerade befreundet, die Mütter der Manager sogar verfeindet, was sich auch auf das Verhalten der Kinder im Unternehmen und auf die gesamte Unternehmenssituation negativ auswirkte. Es mußte ein für das Unternehmen tragbarer Kompromiß gefunden werden. Dafür bot sich das unverdächtige Instrument des Audits an. Der Berater löste diese Aufgabe zur Zufriedenheit aller Seiten.
Es ist offensichtlich, daß ein Audit für diejenigen Führungskräfte, deren Zukunftspotential hoch eingeschätzt wird **(High Potential)**, eine willkommene Gelegenheit ist, den nächsten Karriereschritt konkret anzugehen. Das wissen auch die Vorstände, denn sie wollen nicht nur in Erfahrung bringen, wo sich die Leistungsträger der nächsten Unternehmensetappe befinden, sondern auch, wo ihnen durch einen Wechsel des Unternehmens Gefahren drohen. Deshalb entstehen bei den Audits in

bezug auf jene Manager, die hervorragend abgeschnitten haben, auch immer konkrete Vorstellungen über ihre weitere Karriere im Unternehmen, oder sie nehmen Kontakt zum Headhunter bezüglich eines Wechsels auf. Das heißt, daß die Geschäftsleitung nicht nur Handlungsbedarf an den Schwachstellen ihrer Führungskräfte hat, sondern im Gegenteil zuerst durch geeignete Maßnahmen die Identifizierung der starken Führungskräfte mit dem Unternehmen verbessern muß.

Nach jedem Audit findet ein Austausch von Führungskräften statt. Das heißt aber nicht, daß die schwächer eingeschätzten Manager das Unternehmen sofort verlassen müssen. Das kann in besonderen Situationen durchaus auch einmal der Fall sein. Zumeist würde aber eine solche abrupte Maßnahme das Unternehmen nur noch zusätzlich schwächen. Für die meisten von ihnen wird es darauf ankommen, entweder den Platz im Unternehmen zu finden, den sie mit ihrem Potential optimal ausfüllen können, oder nach Möglichkeiten zu suchen, dieses Potential zu steigern. Zumindest für die jüngeren Führungskräfte liegt der letzte Weg nicht außerhalb der Realität.

Wenn der neue Mann an der Spitze des Unternehmens seine Führungsmannschaft durch ein Audit kennenlernen will, wird er sowieso nicht sofort einen Personalwechsel vornehmen. Das Audit kann aber die Weichen dafür stellen. Für einige Führungskräfte kann es deshalb besser sein, sich rechtzeitig um eine neue Aufgabe außerhalb des Unternehmens zu kümmern.

Audits können Meilensteine in der Karriere sein, und nur diejenigen Manager, die ahnen, wie schwach sie sind und die über wettbewerbsfreie Wege in ihre Position gelangt sind, lehnen Audits ab.

Audits bieten auch leicht die Möglichkeit, Kontakt zu einem Headhunter aufzunehmen. Allerdings sollten die karrierestarken Manager dabei berücksichtigen, daß ihr Unternehmen für einige Zeit Klientenschutz genießt und der Headhunter ihn deshalb nicht einem anderen Klienten empfehlen kann.

Das größte Hindernis für die Realisierung von Management-Audits sind die Personalabteilungen der Unternehmen. Sie empfinden Audits als Kritik an ihrer Tätigkeit, haben sie doch stets ordnungsgemäß Beurteilungen über alle Manager eingeholt und fein säuberlich abgeheftet. Außerdem können sie präzise Auskunft über die exakte Laufbahnentwicklung der Führungskräfte erteilen. Warum ein Audit, wenn sie aus der Aktenlage heraus die Manager einschätzen können?

Weder verfügen die qualifizierten Mitarbeiter einer Personalabteilung über die Objektivität eines Headhunters noch über seine Erfahrung in der Beurteilung von Managementfähigkeiten. Die Personalabteilungen arbeiten täglich mit den Führungskräften im Unternehmen zusammen. In einigen Großunternehmen ist sogar ein Rotationssystem zwischen den Linienmanagern und den Führungspositionen in der Personalabteilung weit verbreitet. Die Entstehung eines Geflechts persönlicher Beziehungen ist für den normalen Unternehmensablauf vorteilhaft, für die Einschätzung der Managementkapazitäten als Steuerungsinstrument der Unternehmensleitung dagegen weniger.

Wenn eine Geschäftsleitung das Unternehmen nach dem Prinzip divide et impera führt, würde ein Audit keine Resultate zeigen können. Sie will nämlich gar nicht, daß die Schwachstellen bekannt werden, weil diese einen integralen Bestandteil ihres Managementsystems darstellen.

Deshalb sind Audits immer ein sicherer Hinweis, daß die Geschäftsleitung etwas bewegen will.

Ein Audit erzielt auch ein Resultat, welches in der Personalabteilung so fast niemals erwartet wird. Es mobilisiert die Führungskräfte und schafft eine zumeist lang vermißte Transparenz.

Das kürzlich bei einem der bekanntesten deutschen Unternehmen für Schlösser und Schließanlagen in *Velbert/Heiligenhaus* durchgeführte Audit ist weit über das Unternehmen hinaus bekannt geworden, weil es zu einem gänzlich unerwarteten Resultat geführt hat.

Es hat in so eklatanter Weise die Schwächen des Managements auf allen Ebenen bloßgelegt, daß damit auch im Unternehmen das Versagen der früheren Führung offenbart wurde.

Keine Managementposition, so belegte das Audit, war mit einer Führungskraft besetzt, die sich in vollem Umfang der eigenen

Funktion und der ihrer Kollegen bewußt ist. Das kam in dem gering entwickelten Kostenbewußtsein ebenso zum Ausdruck wie auch in der Abstinenz vom Profitdenken.
Das häufige Auswechseln des Geschäftsführers zwang die Führungskräfte dazu, sich mit deren Zielen nicht allzusehr zu identifizieren. Womit es zu einem permanenten Bruch zwischen Geschäftsleitung und Management kam.
Das Audit erforderte also von den Gesellschaftern über die Kontinuität der Leitung und die Qualifikation des Managements nachzudenken.

Eine Gefahr bei Audits ist niemals auszuschließen: Innerhalb der relativ kurzen Zeit des Interviews kann es den Blendern unter den Managern, die in jedem größeren Managementteam anzutreffen sind, durchaus auch einmal gelingen, die Headhunter zu täuschen. Erfahrene Headhunter entwickeln dafür jedoch ein Berufsgefühl. Jeder Unsicherheit in ihrer Einschätzung gehen sie durch Gegenfragen nach. Zumeist stellt sich dann auch bei den Analysegesprächen mit der Geschäftsleitung heraus, daß diese Personen einen zwielichtigen Ruf im Unternehmen genießen. Es bietet sich dann an, auf dem Hintergrund der Zusatzinformationen noch einmal ein Gespräch zu führen.
Völlig auszuschließen sind Fehlinterpretationen jedoch niemals, denn eine absolut objektive Bewertung durch einen auch noch so erfahrenen Headhunter kann es nicht geben. Immer geht auch seine Persönlichkeit in die Bewertung mit ein. Doch das trifft auf die Geschäftsleitung gleichermaßen zu. Außerhalb des Menschen findet sich kein Maßstab zu seiner Bewertung.
Ein seriös durchgeführtes Audit liefert auch dem Headhunter etwas Angenehmes: Fast immer kann er mit einem neuen Suchauftrag rechnen.

Managementaudits gehört die Zukunft in Unternehmen. Sie werden eines der wichtigsten Führungsinstrumente sein. Aus einer Vielzahl von Einzelbewertungen entsteht ein Gesamtbild der Managementsituation des Unternehmens, aus dem sich auch Rückschlüsse auf seine innere Verfassung ziehen lassen.

Ist eine Karriere planbar?

17

Eine Karriere ist in dem Sinne planbar, daß mit dem Eintritt in das Berufsleben oder sogar noch vor seinem Beginn der zukünftige Manager seine weitere Entwicklung innerhalb der nächsten 20 Jahre bis in das Topmanagement hinein vorausbestimmen kann. Er muß sich dann also nur noch nach einem vorgegebenen Fahrplan halten. In einem solchem Sinne ist für 99,9 % aller Manager ihre Karriere jedoch nicht planbar.

Innerhalb der Karriere gibt es unübersehbar viele Imponderabilien – und das ist auch gut so. Andernfalls würde ein Taschenrechner ausreichen, um zu ermitteln, zu welchem Zeitpunkt welcher Karriereschritt gegangen werden muß. Dann gäbe es kein Management mehr, sondern nur noch eine Bürokratie.

Allerdings ist für einige wenige Einsteiger ins Management eine so verstandene Karriereplanung durchaus möglich.

Zuerst betrifft das Menschen, die in eine Unternehmerfamilie hineingeboren worden sind und deren Lebensweg durch das spätere Antreten eines Erbes bereits vorgezeichnet ist. Diese benötigen jedoch auch sicherlich keine Karriereberatung. Die Familie regelt die einzelnen Berufsstationen. Selbst die natürliche Voraussetzung, eine durchschnittliche Begabung, ist manchmal nicht erforderlich. Es ist genügend Geld für herausragende Manager mit ausreichend großer Leidensfähigkeit vorhanden.

Der Besitzer des Handelsriesen *Tengelmann*, *Karl Erivan Haub* hat seine beiden Söhne, *Georg Rudolf Otto* und *Christian*

Wilhelm Erich, bereits wesentlichen Einfluß im Unternehmen eingeräumt.
Der erste Mann im Bekleidungskonzern *C & A*, *Martin Brenninkmeijer*, verkörpert bereits die sechste Familiengeneration, und *Felix Brenninkmeijer* ist der Geschäftsführer für Deutschland.
Dr. Doris König hat in Nachfolge ihres Vaters die *König Brauerei* zu einem deutschlandweiten Markennamen weiterentwickelt.
Des weiteren betrifft dies Menschen, die schon relativ früh eine berufliche Spezialisierung entwickelten und gleichzeitig unternehmerisches Gespür bewiesen. Sie identifizierten sich so sehr mit diesen beiden Eigenschaften, daß ihre Karriere dadurch ebenfalls vorgezeichnet ist.
Der *Saarbrücker* Professor für Betriebswirtschaft *August-Wilhelm Scheer* hat sein IT-Unternehmen *IDS* zu einem bedeutenden Software- und Consultinganbieter entwickelt.
Noch weiter ging sein Kollege *Prof. Hermann Simon*, der seinen *Mainzer* Lehrstuhl aufgab, um sich völlig seinem Beratungsunternehmen *Prof. Simon & Partner* zu widmen.
Jil Sander begann als Modedesignerin und baute dann ihr Unternehmen zu einem der wichtigsten Anbieter im oberen Modesegment auf.
Eine dritte Gruppe sind diejenigen Persönlichkeiten, die bereits in jungen Jahren ein Gespür für zukünftige Marktentwicklungen hatten – ohne auf einem besonderen Gebiet außergewöhnlich hoch spezialisiert zu sein – und gleichzeitig unternehmerische Fähigkeiten in sich entdeckten. Sie bauten zielgerichtet eigene Unternehmen auf.
Klaus Steilmann begann seine berufliche Entwicklung im *C & A-Konzern*, um dort seine Fähigkeiten zu entdecken, selber Bekleidung produzieren zu können. Heute leitet er in dieser Branche immer noch eines der größten Unternehmen Deutschlands. Gleiches gilt für *Peter Dussmann*, der frühzeitig die Marktchancen der Gebäudereinigung erkannte und heute mit seinem Unternehmen *Pedus* in diesen sowie verwandten Bereichen einer der wichtigsten Dienstleister seiner Branche ist.

Eines der herausragendsten Beispiele ist sicherlich die Gründung von *SAP* durch vier ehemalige *IBM*-Mitarbeiter, die schon frühzeitig die Chancen des Einsatzes von Standardsoftware zur Steuerung aller Unternehmensteile erkannten. Der bekannteste unter ihnen ist *Dietmar Hopp*. Heute ist *SAP* selbst auf dem amerikanischen Markt die Nummer eins.
Das sind alles Beispiele für Managerpersönlichkeiten, bei denen entweder die familiären Voraussetzungen eindeutig waren oder die über sehr ungewöhnliche fachliche und Managementanlagen verfügten. Sie entwickelten sich konsequent zum Unternehmer.
Eine weitere Gruppe unterscheidet sich in diesem Punkt von den ersten drei. Sie besitzen nicht ein Unternehmen, sondern gelangen an die Spitze von Publikumsgesellschaften. Auch auf ihrem Weg kristallisieren sich schon sehr früh bestimmte Eigenschaften heraus, die sie für ihre weitere Karriere deutlich prädestinieren. Ihre ungewöhnliche Leistung halten sie über mehrere Karrierestationen im Unternehmen hinweg durch.
Zu ihren herausragenden Persönlichkeitseigenschaften gehören vor allem eine ungewöhnlich hohe Durchsetzungsfähigkeit und das Geschick, sich in großen Apparaten widerstandsfrei bewegen zu können. Entweder also zum richtigen Zeitpunkt auf der richtigen Seite zu sein oder die eigene Seite zur richtigen machen zu können. Beides setzt eine hohe Analysefähigkeit und die Fähigkeit, Menschen einschätzen zu können, voraus.
Das allein würde jedoch niemals ausreichen. Stets spielte der Zufall auf diesem Weg eine entscheidende Rolle. Vor allem dadurch, daß es ihnen in der Regel möglich gewesen war, ihre Karriere als Assistenten des Vorstandes beginnen zu können.
Mark Wössner trat als Assistent des Besitzers in das mittelständische Druck- und Verlagshaus *Bertelsmann* ein, um heute einen der größten Medienkonzerne der Welt zu leiten.
Jürgen Schrempp begann als Kraftfahrzeugmechaniker bei der *Mercedes*-Niederlassung in Freiburg. Der damalige Niederlassungsleiter hatte einige Jahre später als Chef des gesamten Kundendienstes von *Daimler* den fähigen Lehrling nicht vergessen. 36 Jahre nach dem Beginn seiner Lehrlingsausbildung

gelangte Schrempp an die Spitze des größten deutschen Unternehmens.
Henning Schulte-Noelle trat 1975 als Direktionsassistent in die Zweigniederlassung Nordrhein-Westfalen der *Allianz Versicherungs-AG* ein. Schon früh von *Wolfgang Schieren*, dem damaligen unumstrittenen Chef der *Allianz* gefördert, wurde er 1991 dessen Nachfolger.
Oft wird diese Form der Karriereplanung mit der typischen Führungskräfteentwicklung, wie sie jedes größere Unternehmen vornimmt, gleichgesetzt. Zu einem Teil trifft dies auch tatsächlich zu. Die Unternehmen müssen den Einsatz ihrer Führungskräfte langfristig planen, um nicht durch altersbedingtes Ausscheiden von Führungskräften vor einem Vakuum zu stehen, und sie müssen eine permanente Auswahl unter den Führungskräften treffen, um die besten zu entwickeln. Jede Führungskraft kann sich über die Vorgehensweise seines Unternehmens dabei informieren. Er benötigt dafür keine externe Unterstützung. **Weitaus schwieriger ist es jedoch, vom Unternehmen für einen überschaubaren Zeitraum Aussagen zur angestrebten Karriereentwicklung zu erhalten.** Das ist einer der Schwachpunkte vieler Unternehmen, der sich um so negativer auswirkt, je weiter der Manager bereits aufgestiegen ist. Sich auf die interne Unternehmenskarriereplanung zu verlassen bedeutet,

- sich nur auf einen kurzfristigen Zeitrahmen einzustellen,
- sich nur auf ein Unternehmen zu konzentrieren,
- sich nur für ein größeres Unternehmen zu entscheiden,
- sich in Abhängigkeit von Vorgesetzten in einem Unternehmen zu begeben.

Um dem Führungskräftenachwuchs eine gewisse Sicherheit zu geben, entwickeln die Personalabteilungen der Unternehmen die berüchtigten Laufbahnmodelle. In ihnen wird ein gewisser Orientierungsrahmen gegeben, welche Positionen bei entsprechender Leistung innerhalb einer bestimmten Spezialisierung zu erreichen wäre. Diese Spezialisierung, z. B. innerhalb des

Einkaufs oder der Produktion, ist auch ihr Nachteil. Zwangsläufig sind diese Modelle starr. Nicht selten haben sie eine Ähnlichkeit zur Beamtenlaufbahn. Zudem gelten sie meistens nur für ein Unternehmen. Häufig erinnern sie an die Aussage zur Karriere eines Beamten, die sich in einem Karriereratgeber von 1901 findet. Danach soll die Karriere auf der »Kunst, sich geltend zu machen, und die Schwächen und Eigenheiten der anderen auszunutzen«, basieren.

Aufschlußreich ist auch eine Analyse, die kürzlich mehr zufällig an der weltweit renommiertesten Ausbildungsstätte für Manager durchgeführt wurde. 30 junge Manager, die einen MBA-Kurs an der Harvard Business School belegten, schrieben in dem Wahlfach Unternehmensethik über ihre moralischen Konflikte, in die sie bei ihren ersten Anstellungen geraten waren. Der Hauptkonflikt bestand in dem Gegensatz zwischen den hohen moralischen Ansprüchen der Unternehmen und ihrer ernüchternden Praxis. Nahmen sie die moralischen Postulate und ebenso ihre eigenen Überzeugungen ernst, gefährdeten sie ihre Karriere. Allein die Tatsache, daß sie diesen Konflikt gespürt haben, ist jedoch ein hoffnungsvolles Zeichen. Die Unerreichbarkeit der höheren Vorgesetzten, sowohl physisch als auch kommunikativ, der Zwang, Leistung ohne Rücksicht auf allgemeingültige moralische Normen zu erzielen, und die Unterdrückung der Individualität durch absolute Teamloyalität (ein Grund, warum viele ostdeutsche Manager in Großkonzernen sagen: »Alles wie früher im Sozialismus«) macht Karriere uninteressant.

Es ist nicht die absolute Anpassung, was die überwiegende Mehrheit der Manager heute unter Karriereplanung versteht.

Für den selbstbewußten Manager heißt Karriereplanung, die berufliche Entwicklung selbständig zu bestimmen. Er will sich nicht in ein innerbetriebliches Korsett zwängen lassen, indem er nur selten einzelne Etappen auch mal überspringen kann.

Sicherlich finden sich noch zahlreiche Manager, für die es ein reizvolles Ziel ist, in einem bestimmten Unternehmen eine exakt definierte Position als Endstadium ihrer Laufbahn zu erreichen. Doch davon wird nicht das Bild des modernen Managers bestimmt.

> **Ein Manager ist jemand, der erkannt hat, daß man durch Arbeit die Übersicht verliert.**
> ***Sebastian Hakelmacher***

Zweifelsohne will der moderne Manager in das Topmanagement aufsteigen, denn auf dieser Ebene kann er am ehesten seine Vorstellungen realisieren. Das muß jedoch nicht nur ein Großunternehmen sein. Das muß auch nicht unbedingt innerhalb der Branche seines Berufseinstiegs sein. Das muß ebenso nicht in jedem Fall ein ganz bestimmter Managementbereich sein. Unternehmensgröße, Branche und Verantwortungsbereich können im Laufe einer Karriere wechseln. **Das Ziel in einer Karriere besteht immer darin, in eine Managementverantwortung zu gelangen, in der Gestaltungsmöglichkeiten bestehen. Die Etappen zu diesem Ziel lassen sich durchaus bewußt anstreben. In diesem weiteren Sinne ist Karriere planbar.**

Zuerst ist ein derartiges Karriereziel mehr eine Frage der inneren Einstellung. Es ist eigentlich eine Lebensplanung. In diesem Rahmen werden Einzelziele angestrebt und in jeder Etappe weitere Ziele definiert. Dabei darf der Manager nicht auf einen günstigen Zufall warten, sondern er muß diesen Zufall herbeiführen. Das mag widersinnig klingen, ist aber trotzdem möglich. Wenn die aktuelle Position nicht mehr befriedigt und der Manager seine Möglichkeiten kennt, dann kann er die nächste Etappe anstreben und gleichzeitig schon die darauffolgende Stufe avisieren und vorbereiten. Der Rahmen für diese Vorgehensweise darf jedoch nicht zu eng gesetzt werden. Wird die nächste Etappe zu sehr eingegrenzt, d. h., er focussiert sich auf ein konkretes Unternehmen, eine exakte Position und eine bestimmte Gehaltsgröße, dann besteht die Gefahr des Scheiterns. Sehr selten tritt bei einer solchen Vorgehensweise ein positiver Zufall ein. Wird der Rahmen für den nächsten Karriereschritt dagegen weit genug gezogen, dann ist die Zufallshäufigkeit auch ausreichend groß.

ABC der Karriereentwicklung

A – **Antenne haben:** Offenheit gegenüber gesellschaftlichen Entwicklungen und sich Gespür für neue Entwicklungen aneignen

B – **Begeisterungsfähigkeit:** Bei sich selber und auch bei anderen Menschen hervorrufen können

C – **Chancen ausnutzen:** Konsequent und ohne zu zaudern Karrieremöglichkeiten ergreifen

D – **Durchsetzungskraft:** Entscheidungen zügig treffen sowie hartnäckig durchsetzen und sich dabei nicht beirren lassen

E – **Erwerben von Fachwissen:** Breite Ausbildung durch Spezialisierung vervollkommnen

F – **Führung von Menschen:** Mitarbeiter ernst nehmen sowie motivieren und delegieren können

G – **Geduld haben:** Zeit für sich arbeiten lassen und auch mit anderen Menschen nicht zu ungeduldig sein

H – **Honorig sein und Humor haben:** Über den Dingen stehen, langfristig Freunde gewinnen und nicht alles bedeutungsschwer verarbeiten

I – **Intrigen durchstehen:** Subjektiv motivierte Angriffe abprallen und sich nicht in andere verwickeln lassen

J – **Jet-Set meiden:** Gesellschaftliches Beziehungsgeflecht aufbauen und dabei Schickimickis links liegenlassen

K – **Kreativität entwickeln:** Kein Fachidiot sein und auch das Unmögliche denken können

L – **Leistung erbringen:** Mehr arbeiten und leisten als der Durchschnitt sowie sich dabei selber bestätigen

M – **Menschlichkeit zeigen:** Charakterliche Integrität und Vertrauen haben sowie dieses zu anderen Menschen aufbauen

N – **Nicht allein Karriere:** Mehr sein als nur scheinen sowie im Weg nach oben die Gefahren und Verletzungen abwägen können

O – **Organisationstalent:** Unterschiedliche Zusammenhänge und Entwicklungen koordinieren und kontrollieren sowie Überblick behalten

P – **Persönlicher Einsatz:** Engagiert durch Taten und nicht durch Reden auffallen

Q – **Querdenken können:** Nicht sich permanent anpassen und auch gegen den Strom schwimmen können sowie im Leben konsequent sein

R – **Richtig motivieren:** Möglichkeiten zur Selbstmotivation und Eigenverantwortung schaffen

S – **Schaden abwenden:** Die Karriere nicht auf Kosten anderer Menschen durchsetzen

T – **Talent positiv aufzufallen:** Förderer finden sowie zur richtigen Zeit und an der richtigen Stelle sich beweisen

U – **Unternehmerische Vision:** Vorausdenken sowie im Handeln Inhalte und Ziele selbständig setzen

V – **Vorbild und Selbstbewußtsein:** Zur Persönlichkeit reifen und optimistisch die eigene Meinung vertreten

W – Weiterbildung betreiben: Ständig lernen und Wissen immer auch als ein Stück Macht betrachten

X – Xmas: Weihnachten mal richtig ausspannen

Y – Yogaübung: Sich rückbesinnen und zu sich selber finden sowie manchmal innehalten

Z – Zielstrebige Karriereplanung: Bewußt Positionen und Unternehmen wechseln

Das hier vorgestellte »ABC des Karriereverhaltens« ist keine zufällige Zusammenstellung. Es erhebt aber auch nicht den Anspruch einer Idealkonstruktion, sondern beinhaltet Verhaltensweisen, die für jeden Manager möglich sind. Allerdings muß er sich dabei immer entscheiden. Er kann sich bei einem Abweichen von moralischen Prinzipien nicht auf den Zwang der Umstände berufen, denn stets unterwirft er sich diesen Zwängen freiwillig. In jeder Situation verfügt der Manager über einen Entscheidungsfreiraum. Dieser enthält verschiedene, teilweise gar entgegengesetzte Optionen, aber der Entscheidungsfreiraum ist immer vorhanden und niemand kann sich mit den Zwängen unabänderlicher Umstände herausreden.

Die Veränderung der Wettbewerbsbedingungen hat nicht nur zu einer erheblichen Nachfrage nach Führungskräften geführt, sondern diese Nachfrage ging auch mit Verschiebungen der Karriereentwicklungen einher. Auch in Großunternehmen wurden die Karrierewege instabiler. Die Entwicklung geht generell weg vom Big Busineß hin zu innovativeren und beweglicheren Mittelunternehmen.
Der internationale Konzern *ABB* hat sich auf eine kleine Holding beschränkt und alle anderen Unternehmensteile als selbständige Unternehmen organisiert. Das amerikanische Konglomerat *ITT* hat sich im Sommer 1995 in drei völlig unabhängige Gesellschaften für die Geschäftsfelder Industrie, Versicherun-

gen und Hotel/Unterhaltung aufgespaltet. Zuvor hatte der Konzern aber bereits 250 Beteiligungen weltweit abgestoßen und die Mitarbeiterzahl um zwei Drittel auf noch 106 500 reduziert. Ähnliches hat auch die Führung des amerikanischen Telekommunikationskonzerns *AT & T* angekündigt. Der japanische Konzern *Sony* hat 1995 beschlossen, sich in 20 weitgehend selbständige Teilunternehmen aufzuspalten.

Zwar sind dies nur einige besonders weitgehende Beispiele, aber auch in vielen anderen Großunternehmen hält eine mehr dezentrale Strategie Einzug.

Innerhalb dieser rasanten Veränderungen ist derjenige Manager im Vorteil, der sich nicht starr eindimensional festlegt und der nicht am Konventionellen festhält. Vorteilhaft ist es, sich die Fähigkeit zum Unkonventionellen zu bewahren. Die Frage, was ist zu tun, um erfolgreich zu sein, muß immer wieder von neuem gestellt werden, weil sich die Antwort darauf verändert. Heute werden andere Managementfähigkeiten belohnt als noch vor einem Jahrzehnt. Die Dienstleistungsgesellschaft erwartet Kundenorientierung und flache Hierarchien. Auch Großunternehmen können sich dem nicht entziehen. Der Manager wird immer mehr als Unternehmer gefordert. Wer möchte schon in einem Unternehmen arbeiten, welches in regelmäßigen Abständen Mitarbeiter entläßt, wenn er die Chance hat, in einer kleineren Firma unternehmerische Möglichkeiten wahrzunehmen und das Geschäftsfeld auszudehnen!

Welch ein Unterschied zwischen der Aufgabe, Jobs zu schaffen, und der Aufgabe, Jobs abzuschaffen!

Karriereplanung heißt deshalb auch, der Eigenverantwortung nicht auszuweichen sondern einzunehmenden Platz selbst festzulegen. Deshalb sind Karrieren heute weitaus individueller bestimmt als jemals zuvor.

Eine solche Planung berücksichtigt dann auch die Möglichkeit von unerwarteten Karrieresprüngen, aber ebenso auch von Rückschlägen. Immer wieder befinden sich Manager in der Situation, als **Shooting Star** unerwarteterweise eine Stufe in der Karriere sogar überspringen zu können. Das ist ein besonders deutlicher Beleg für die Qualität der bisherigen Managementleistung. Weit weniger vorbereitet sind viele Manager jedoch für das Gegenteil, nämlich auch einmal eine zeitweilige Warteposition in Kauf zu nehmen. Häufig wird dies nicht akzeptiert und dann lieber die Entscheidung für eine andere Aufgabe getroffen. Wie es sich zeigt, ist das jedoch zumeist übereilt, weil sich diese Aufgabe dann nämlich als Sackgasse erweist. Von den Headhuntern wird ein derartiger **Side-Step** fast immer als Karriereknick gewertet. Solcher Gefahr kann durch einen intensiven Kontakt mit dem Headhunter entgangen werden.

Jeder Manager sollte wenigstens versuchen, die Werte, welche er für sein Leben als grundlegend ansieht, auch auf seine Karriere zu übertragen. Das muß auch der Ausgangspunkt für die Gespräche mit dem Headhunter sein, andernfalls wird er nicht die Hinweise erhalten können, die er wirklich benötigt.

Der Erfolg jeder Karriereplanung wird letztlich nicht durch das Erreichen einer bestimmten Position entschieden, sondern dadurch, daß der Manager Herr seiner Entscheidungen bleibt. Nicht andere Menschen über sich bestimmen lassen, sondern sich selber bestimmen. Die Darstellung der eigenen Leistung nicht von anderen vornehmen lassen, sondern die Eigendarstellung und die Selbstartikulierung vorziehen.

Wie erforderlich diese Selbstbesinnung sein kann, belegt das Beispiel der Firma *Benckiser*. Die hohe Fluktuation von Geschäftsleitungsmitgliedern und anderen verantwortlichen Managern innerhalb weniger Jahre läßt auf eine ziemlich rüde Personalpraxis schließen. Teils freiwillig, teils unfreiwillig schieden zwischen 1992 und 1995 aus:

der Chef des weltweiten Haushaltsreinigergeschäfts, *Jan Bennink*, der Personalchef, *Dr. Christoph Berglar*, der Leiter des *USA-Geschäfts* und *Ex-Harvard-Professor*, *Tom Bonoma*, der Verantwortliche des gesamten Europageschäfts, *Alex Bianu* und der Chef der *Lancaster-Gruppe*, *Herbert Frommen.*

Die Führungskräfte, die auf den Führungsebenen darunter das Unternehmen verlassen haben, zählen schon Legion.

Wenn ein Topmanager ein Unternehmen verläßt, hat dieser in der Regel ein Problem. Wen so viele Topmanager wie im Falle *Benckiser* das Unternehmen verlassen, hat jenes ein Problem.

Die Beweislast dafür, daß alles in Ordnung sei, kehrt sich um. Es ist zu fragen, welcher Geist in einem solchen Hause weht. Die Frage, ob es der oder die für das Gesamtunternehmen verantwortlichen Manager an der notwendigen Loyalität gegenüber ihren unmittelbaren Mitarbeitern haben vermissen lassen, erscheint angesichts dieser beeindruckenden Abwanderungsliste nicht abwegig.

Es gibt zahllose Artikel und Bücher, in denen menschenverachtende Karriereempfehlungen erteilt werden. Da wird die menschliche Gier als anzutrainierende Eigenschaft gepriesen oder menschliche Solidarität wird als verlogenes Gerede charakterisiert, welches beim Aufstieg nur hinderlich sei. Keine Eigenschaft ist zu hinterhältig und schäbig, als daß sie nicht breit ausgewalzt würde. Vor der Empfehlung, getrost auch physisch Menschen zu vernichten, wird gerade noch Halt gemacht. Würde sie nicht juristisch verfolgt werden, würden sich bestimmt selbsternannte Karriereexperten finden, die auch dafür plädieren würden. Allerdings nur, solange es sie nicht selber ereilen würde, weil sie hoffen, daß dem Leser doch nur ein Schauer über den Rücken läuft, im übrigen aber der eingebaute Artenselbstschutz wirksam bleibt. All das soll sinnvoll sein, um Karriere zu machen? In der Tat finden sich immer wieder Beispiele für menschenverachtendes Vorgehen auch auf der ersten Führungsebene. Doch finden sich dort ebenso gar nicht selten die menschlichen Wracks. Qui bono? Ist ein allseits gefürchteter und einsamer Vorstandsvorsitzender mit einer heilen Familie, die nur in einer Fassade besteht, ein erstrebenswertes Ziel? Lassen sich mit diesen Eigenschaften wirklich anerkannte und stabile Unternehmen aufbauen? Was zählt die nächste Karrierestufe gegen einen wirklichen Freund im Leben?

Geplante Karrieren haben immer einen Ausgangspunkt, der die weitere Entwicklung zumeist vorherbestimmt. Karriereplanung bedeutet, über jede neue Karrierestufe selbständig zu entscheiden. Der Headhunter ist der wichtigste Karrierebegleiter.

Kann der Headhunter eine Karriereplanung vornehmen? 18

Bevor auf diese Frage konkret eingegangen wird, müssen zwei immer wieder auftretende Mißverständnisse ausgeräumt werden.

Zuerst einmal arbeitet der Headhunter ausschließlich für einen Klienten. Seine Klienten sind immer Unternehmen oder im weitesten Sinne Organisationen (selten auch Einzelpersonen), die eine offene Position besetzen wollen bzw. die ein Unternehmensproblem, im engeren Sinne ein Managementproblem haben.

Manager, die sich verändern wollen oder die einen Job suchen, sind nicht die Klienten des Headhunters. Er bietet deshalb im eigentlichen Sinne auch keine Beratung für Manager an.

Es wäre jedoch vorstellbar, daß ein Headhunter auch für Kandidaten arbeiten würden. Dann würde er von diesem ein Honorar für die Vermittlung eines Jobs erhalten. Welche Konsequenz wäre damit verbunden? Automatisch würde der Headhunter dahin tendieren, den Kandidaten unter allen Umständen unterzubringen, der ihm das meiste Honorar bietet. Er würde weniger auf die Bedürfnisse des Klienten achten und mehr auf den Abschluß, denn er erhält erst nach dem Abschluß ein Honorar, und er erhält dieses nicht vom Klienten, sondern vom Manager. Nicht die Interessen des Klienten, also des Unternehmens, stünden in seiner Arbeit im Vordergrund, sondern zuerst das Interesse des Managers, einen neuen Job zu erhalten.

Es ist nicht auszuschließen, daß es Headhunter gibt, die gelegentlich auch damit ein Geschäft machen. Würde er diese Vorge-

hensweise zu seiner Geschäftsgrundlage machen, würde der Markt das registrieren und der Headhunter alsbald kaum noch Aufträge von den Unternehmen erhalten.
Sehr viele Manager melden sich aber unaufgefordert bei einem Headhunter. Entweder sind sie ohne Job, oder sie werden in absehbarer Zeit ausscheiden, oder sie suchen eine andere Aufgabe. Es sind fast immer Manager, die sich in einer Phase der beruflichen Neuorientierung befinden.
Die Manager, die unaufgefordert bei ihm anrufen, verfolgen die Absicht, in die Kartei des Headhunters zu gelangen bzw. auf sich aufmerksam zu machen. Fast immer verlangt der Headhunter zuerst die Zusendung des CV. Ist dieser interessant, lädt er den Manager zu einem Informationsgespräch ein. In diesem Zusammenhang kann der Kandidat auch mit dem Headhunter über seine Karriereentwicklung sprechen.
Dabei sollte jedoch der Berater niemals unterschätzt werden. So erging es einmal *Georg von Westerholt*. Ein gerade aus einem Unternehmen ausgeschiedener Manager sandte seinen CV ein und vereinbarte einen Interviewtermin. Als der Berater sich kurz vor dem Termin diesen anschaute, erinnerte er sich dunkel, vor längerer Zeit einen früheren CV des Managers bereits einmal in der Hand gehabt zu haben. Tatsächlich fand sich dieser auch in seinen Unterlagen. Erstaunt war der Berater jedoch, als er feststellen mußte, daß in dem neuen CV eine wichtige Station in der beruflichen Entwicklung des Managers unterschlagen worden war. Verständlicherweise war er damals unfreiwillig aus dem Unternehmen ausgeschieden. Als er gleich zu Beginn des Gesprächs den Manager auf diesen Umstand ansprach, antwortete dieser: »Das hat mir einer Ihrer Wettbewerber empfohlen.« Damit war das Gespräch bereits beendet und der Manager in der Kartei erhielt den Out-Hinweis.
Karriereplanung ist keine Psychologieberatung! Karriereplanung durch einen Headhunter soll nicht das bewußtmachen, was der Manager gefühlsmäßig bereits schon immer gespürt hat. Jeder gute Headhunter verwendet zwar autodidaktisch auch Methoden eines Psychologen und sollte sich durchaus auch mit Fachliteratur dazu beschäftigt haben, aber er schöpft

zuerst aus seiner umfangreichen Erfahrung. Er muß sich einfach auf die Psyche seiner unterschiedlichen Kandidaten – und natürlich auch der Klienten – einstellen bzw. er kommt mit denen am besten zurecht, deren Psyche der seinigen ähnelt. Sein unmittelbares Ziel ist es jedoch nicht, instinktives Wissen um das eigene Können und Wollen des Kandidaten zum bewußten Sein zu verhelfen. Wenn sich dieser Effekt manchmal trotzdem einstellt, dann rein zufällig.
Allerdings wird ein guter Headhunter, so der Manager für ihn interessant ist – und dieses Interesse muß nicht ein kurzfristiges sein –, auch Hinweise zu der Relation von Eigen- und Fremdbild geben. Daran kann er nichts verändern, aber dem Manager kann dieser Zusammenhang vielleicht erstmalig bewußt werden.

> **Management ist die Fähigkeit, Menschen wie dich und mich produktiv zu machen.**
> ***Peter F. Drucker***

Falls sich Manager bei einem Headhunter mit dem einzigen Ziel melden, Hinweise für ihr Verhalten beim nächsten Karriereschritt zu erhalten, wird der Headhunter mit solchen Personen zuerst aus dem Interesse heraus, einen neuen möglichen Kandidaten kennenzulernen, ein Gespräch führen, nicht jedoch, um dem Manager zu helfen.
Headhunter sind im wesentlichen durch ihre Zeit limitiert. Haben sie einen bestimmten Honorarstandard erreicht, können sie ihr Einkommen nur noch durch schnellere Abwicklung eines Auftrags erhöhen. Deshalb werden sie die für sie peripheren Gespräche mit Managern limitieren.
Jedes Gespräch, welches ein Manager mit einem guten Headhunter führt, wird auch eine Karriereberatung sein. Nur, manche Manager merken das gar nicht. Sie sind so sehr auf ein konkretes Ziel fixiert, als daß sie richtig zuhören und noch viel weniger richtig fragen könnten. Oft werden die Möglichkeiten des Headhunters falsch eingeschätzt. Er ist kein Jobvermittler

Zwei Beispiele für typische berufliche Werdegänge

Die zwei hier wiedergegebenen Karriereentwicklungen existieren real. Sie sind zudem symptomatisch.

Typischer Dienstleistungsunternehmens-Geschäftsführer (mittelständisches Unternehmen)

43 Jahre, verheiratet, 2 Kinder

Diplomkaufmann, Universität Köln

ist seit 20 Jahren berufstätig, seit 3 Jahren im jetzigen Unternehmen und solange auch Geschäftsführer (Tochtergesellschaft eines amerikanischen Dienstleistungsunternehmens mit ca. 150 Mitarbeitern und einem Umsatz von ca. DM 50 Millionen in der BRD)

ist Alleingeschäftsführer

ist 4mal innerhalb von Deutschland umgezogen

spricht fließend Englisch und hat Grundkenntnisse in Französisch

verdient ca DM 290 000 p. a.

arbeitet ca. 60 Stunden pro Woche und nimmt alle 29 Urlaubstage wahr

hat folgende 8 Karriereschritte gemacht:
1. Systemberater
2. Software-Gruppenleiter
3. Software Manager Deutschland
4. Marketing Manager
5. Vertriebsbeauftragter
6. Vertriebsleiter
7. Marketing Manager
8. Geschäftsführer

hat sich ständig weitergebildet

glaubt, Karriere durch gezielte Planung gemacht zu haben

Typischer Vorsitzender der Geschäftsführung (mittelständisches Unternehmen)

51 Jahre, verheiratet, keine Kinder

Dip.-Ing., TU Berlin

ist seit 27 Jahren berufstätig, seit 17 Jahren im jetzigen Unternehmen und seit 14 Jahren Geschäftsführer bei diesem deutschen Produktionsunternehmen mit ca. 500 Mitarbeitern und einem Umsatz von mehr als DM 100 Millionen

hat einen Geschäftsführer-Kollegen (Kaufmann); ist selbst für die gesamte Technik und den Vertrieb zuständig

ist bisher keinmal umgezogen

spricht fließend Englisch, gut Französisch und hat Grundkenntnisse in Spanisch

verdient mehr als 350 000 DM p. a. und erzielte bei Erreichen seiner jetzigen Position einen Gehaltszuwachs von ca. 20 %

arbeitet ca. 60 Stunden pro Woche und nimmt 20 seiner 30 Urlaubstage wahr

hat folgende 9 Karriereschritte gemacht:

1. Entwicklungsingenieur
2. Vertriebsingenieur
3. Vertriebsbereichsleiter
4. Leiter AV und Fertigung
5. Betriebsleiter
6. Ressortleiter
7. stv. Vorstand Technik
8. Vorstand Technik
9. Vorsitzender der Geschäftsführung

hat sich ständig weitergebildet

glaubt, durch Glück, bessere Kommunikation und bessere Kontakte Karriere gemacht zu haben und kann deshalb nicht eine bestimmte Stelle »vermitteln«. Er kann auch keinen Rat geben, welches konkrete Unternehmen und welche konkrete Position als nächste Etappe angestrebt werden sollte.

Kaum ein Manager wird die Marktlage so gut kennen wie ein Headhunter. Keiner weiß zudem mehr über die innere Verfassung so mancher Unternehmen und über den Abbau oder den Ausbau in den einzelnen Managementbereichen. Der Headhunter kennt viele erfolgreiche Managerkarrieren. Er hat auch schon viele gescheiterte Karrieren vor sich sitzen gehabt. Er weiß also ein wenig von dem Geheimnis, wie man Karriere »macht«. Das ist der Fundus, aus dem der Manager schöpfen muß.

Der Manager kann einen Headhunter ansprechen, um ein unverbindliches Gespräch zu führen, weil er sich neu orientieren möchte. Ist seine bisherige Karriereentwicklung interessant für den Headhunter, wird er auch eingeladen werden. Gleiches trifft zu, wenn er kurz davorsteht, seinen Job zu verlieren oder dies bereits eingetroffen ist. Auch wenn er als ein potentieller Kandidat von einem Headhunter angesprochen worden ist, kann er über die eigentliche Position hinaus, für die der Headhunter sucht und auf die er sich naturgemäß im Gespräch konzentrieren muß, seine gesamte berufliche Situation ansprechen.

Die Voraussetzung dafür ist jedoch stets ein Interesse des Headhunters an dem Manager, und dieses beruht auf einem veritablen Zusammenhang zwischen der bisherigen Karriere des Managers und der beruflichen Ausrichtung des Headhunters.

Der Headhunter hat ein essentielles Interesse, sich auf die spezifischen Belange und die Verfassung des Kandidaten einzustellen. Nur so kann er nämlich einschätzen, ob der Kandidat passend zu der offenen Position ist. Genau das muß der Kandidat, der Informationen und Hinweise für seine Karriereplanung erhalten möchte, ausnutzen.

Dazu gehört der Rat

- auf welche Branchen er sich konzentrieren soll,
- und auf welche nicht,
- welche Unternehmen passend wären,

- und welche nicht,
- in welchen Unternehmen die Chancen am besten wären,
- und in welchen weniger,
- in welchen Unternehmen eine Mentalitätsübereinstimmung vorhanden wäre,
- und in welchen sie eher als gering einzuschätzen ist und
- welche Möglichkeiten einer weiteren Profilierung es gibt.

Der Manager sollte der Versuchung widerstehen, sich nur an einen Headhunter zu binden, weil er mit diesem bisher immer gut zusammengearbeitet hat und sich ihm verpflichtet fühlt oder auch weil es einfach so bequem ist. Kein einzelner Headhunter kann die Situation auch nur in einer Branche vollständig überblicken.
Gleichzeitig darf er jedoch auch nicht allen und jedem Headhunter hinterherrennen. Dann könnte er nämlich zu keinem ein Vertrauensverhältnis aufbauen. Stets muß er berücksichtigen, daß er die Zeit des Headhunters für seine persönlichen Belange nur dann beanspruchen kann, wenn auch der Headhunter für seine Arbeit daraus einen Gewinn zieht. Außerhalb des Vorstandes eines größeren Unternehmens, zu dem jeder Headhunter das Gespräch suchen würde, können Manager Kontakte nur zu zwei oder drei Headhuntern dauerhaft unterhalten.
Nur eines sollte der Manager niemals tun: einen Headhunter um eine Karriereplanung bitten!

Headhunter können keine Karriere planen, und sie verdienen ihr Geld auch nicht mit Karriereberatungen. Der Headhunter ist jedoch der wichtigste Begleiter und Ansprechpartner in der Karriereentwicklung des Managers.

Verzeichnis der Charts, Übersichten und Materialien

10. Tops und Flops im Headhunting (Kap. 13)
11. ABC der Karriereentwicklung (Kap. 17)
12. Zwei Beispiele für typische berufliche Werdegänge (Kap. 18)

Kommentiertes Literaturverzeichnis

Zum Nachschlagen

Personalberater 1995/96. Management Consultants in Deutschland, Österreich, Schweiz. Ratingen 1995.
Umfangreichste und gründlichste Zusammenstellung der Personalberatungsgesellschaften in den deutschsprachigen Ländern. Nachschlagewerk für alle von der Personalsuche betroffenen Berater, Manager und Geschäftsleitungen.

Rolf Dahlems (Hrsg.): Handbuch des Führungskräftemanagements. München 1994.
Kurze Artikel von Fachleuten über fast alle Gebiete des Führungskräftemanagements. Ausführlichste Zusammenstellung in Deutschland. Zum informativen Einlesen geeignet.

Über neuere Entwicklungen

John P. Kotter: Die neuen Spielregeln für die Karriere. Erfolg in der Zeit nach den Großkonzernen. Wien 1995.
Hochinteressante Analyse über die Karrierewege von 120 Absolventen der Harvard Business School sein 1974/75. Zwar typisch amerikanische Verabsolutierungen und »unfehlbare« Verhaltensanleitungen, aber sehr lesbares Buch.

Harry S. Dent: Die neuen Spielregeln im Beruf. Nach dem Job-Shock der Boom. Wie neue Selbständige und kreative Führungskräfte die Chancen der zukünftigen Arbeitswelt heute für sich nutzen. Düsseldorf 1995.

Leicht aufbereitete Hintergrundinformationen für jedermann mit praktischen Hinweisen in der üblichen amerikanischen direkten Art, ohne Schnörkel und Verpackung.

Trivialliteratur

Wolfhart Berg: Mit den Wölfen heulen. Tips und Tricks für die Karriere auf die »fiese« Art. München 1995.
An niedrigste Instinkte appellierend und Hoffnung allein durch Vernichtung des Konkurrenten versprechend. Wolfsgesellschaft propagierend. Alle verbiesterten Altlinken freuen sich.

Falko Blask: Konsequent Karriere machen. Der direkte Weg zum Spitzenjob. Frankfurt am Main 1995.
Wenn die Welt nur so einfach und übersichtlich wie in diesen Büchern wäre! Alles ist leicht, alles wird sich zum Besten wenden, lese man nur dieses Buch.

Diane Tracy: Machen Sie das Beste aus Ihrem Job. Mehr Zufriedenheit in Beruf, Karriere und Privatleben. Frankfurt am Main 1995.
Unnachahmliche Art der amerikanischen Autoren, auch noch die banalsten Zusammenhänge und einfachsten Erkenntnisse als entscheidend neues Wissen eines erfolgreichen Beraters zu verkaufen. Warum nicht immer mal zur Wiedererinnerung lesen!

Karrierevorbilder

Heribert Klein: Könner in Karos. Das Anti-Nietenbuch. Köln 1995.

Ernst Bäumler: Der Weg an die Spitze. 12 Karrieren in der Wirtschaft. München 1995.

Sibylle Krause-Burger: Die neue Elite. Topmanager und Spitzenpolitiker aus der Nähe gesehen. Düsseldorf 1995.

Ferdinand Simoneit: 49 Köpfe der Wirtschaft. Macher und Motive. Stuttgart 1995.

Kurzdarstellungen des beruflichen Werdeganges von Führungskräften aus der Wirtschaft, von Staatsunternehmen und politischen Parteien. Teilweise überschneidend. Nur wenige Porträts dringen in die Psyche der Personen ein und heben auch Widersprüchliches hervor. Zumeist: Alles paletti! Wir haben die Besten der Welt! Nachdenklichkeit ist störend. Interessant aber der Vergleich der verschiedenen Ansätze.

Frauenratgeber

Ute Ehrhardt: Gute Mädchen kommen in den Himmel, böse überall hin: Warum Bravsein uns nicht weiterbringt. Frankfurt am Main 1995.
Trivialliteratur auf weibliche Art. Soll Frauen zum Selbstbewußtsein bewegen. Zumindest bewegte es Hunderttausende zu einem Kauf und muß deshalb einem tiefen Bedürfnis entsprechen.

Dagmar Brodersen: Woman Management. Karriereberatung für Frauen. Stuttgart 1994.
Um sachliche Darstellung bemühter Ratgeber vom Berufseinstieg bis zur Chefin, mit zahlreichen Beispielen über Vertrags- und Gehaltsgestaltungen.

Birgit Westerholt: Frauen können führen. Erfolg und Karriere durch Motivation und Kompetenz. München 1995.
Typischer Vertreter der Auffassung »Frauen sind bessere Manager«. Ähnlich amerkanischen Ratgebern an Hand gestellter Beispiele psychologisierend.

Insiderwissen

Howard S. Freedman: Wie man Headhunter auf sich aufmerksam macht. Stuttgart 1996.
Neuauflage von 1991. Flott geschrieben, aber für amerikanische Leser. Ohne Systematik. Beispiele nur allgemeiner Art.

Charles Margerison: Management Development. Führungskräfte fördern und entwickeln. Frankfurt am Main 1992.
Beratungsbuch für Personalmanager in Unternehmen. Eine Methode wird – wie gehabt – als universelle Richtschnur beschrieben. Zahlreiche detaillierte Fakten aus intimer Kenntnis.

Glossar

Ansprache Erster Anruf des Researchers oder des Headhunters bei einem Kandidaten. Die zu besetzende Position wird dem Kandidaten kurz vorgestellt.

Appraisal/Management-Audit Kritische Analyse und Beurteilung des vorhandenen Managements, um Stärken, Schwächen sowie Lükken im Management-Team zu identifizieren.

Assets Positive Eigenschaften /Stärken des Kandidaten

Assignment Suchauftrag eines Headhunters.

Back-up Vom Headhunter zurückgehaltene Reserve-Kandidaten, die er aktiviert und ins Rennen schickt, falls die von ihm favorisierten Kandidaten während des weiteren Prozesses scheitern.

Billings Einzelne Raten des Honorars.

Billing Procedure Aufteilung des Honorars des Headhunters in mehrere (meist 3) Raten, die im Laufe des Suchprozesses an den Klienten berechnet werden.

Black-List/Schutzliste Vor allem von großen Headhunting-Firmen geführte Listen über Klientenbeziehungen der einzelnen Headhunter in Firmen, die aus berufsethischen Gründen für die Rekrutierung von Kandidaten tabu sind.

Body-Shopping Gezielte Versuche des Headhunters, Kandidaten an den Klienten zu »vermarkten« ohne echte Beratung zu leisten oder die Bedürfnisse von Klient und Kandidat zu berücksichtigen.

Briefing Das Gespräch zwischen Klient und Headhunter im Vorfeld einer Suche, in dem Anforderungen, Rahmenbedingungen, Wünsche, Fakten und Zahlen usw. besprochen werden.

Business Reengineering Die Überprüfung der gesamten Prozesse in einem Unternehmen mit dem Ziel, signifikante Verbesserungen bei den Kosten, der Qualität und dem Service zu erreichen.

By-Completion Bei einem Suchprozeß zufällig gefundener Manager, der für eine andere als die zu besetzende Position geeignet ist und der auch vom Klienten eingestellt wird.

Cancellation Frühzeitige Beendigung einer Suche.

CEO Chief Executive Officer = Vorstandsvorsitzender oder Sprecher des Vorstandes.

Client Prospect Vom Headhunter identifizierte Firma, die als interessanter, potentieller Klient ins Auge gefaßt wird.

Client Referral Empfehlung eines Klienten des Headhunters an einen anderen potentiellen Auftraggeber.

Cold-Call Ein Anruf eines Headhunter bei einem potentiellen Auftraggeber oder bei einem Kandidaten, den der Headhunter nicht kennt und den er zu einem persönlichen Gespräch überreden will.

Completion Abschluß des Auftrags durch Vertragsunterschrift von Klient und Kandidat.

Cover Story Vor allen Dingen von Researchern benutzte Geschichte, die dazu dient, über die Hürde Sekretärin direkt mit dem Manager verbunden zu werden oder zum Herausfinden von Informationen über eine Person in einer bestimmten Firma.

CV Curriculum Vitae = Lebenslauf.

Decision Maker Entscheidungsträger.

Desk Research In der Regel die erste Phase des Researchs, bei der im Büro vorhandene Nachschlagewerke oder computerzugängliche Datenbanken durchgesehen und ausgewertet werden.

Direktansprache/Executive Search Die systematische Identifikation, Ansprache, Beurteilung und Auswahl von Kandidaten für eine definierte Position. Kandidaten werden nicht über eine Stellenanzeige auf die Position aufmerksam gemacht, sondern durch einen direkten Kontakt (zuerst per Telefon) über den Headhunter.

Dummy Ein vom Headhunter dem Klienten vorgestellter Kandidat, der den Anforderungen/Qualifikationen nicht entspricht und lediglich zur Komplettierung einer Präsentationsrunde von zumeist 3 Kandidaten dient.

Enduser In diesem Zusammenhang der Vorgesetzte, der direkt mit dem eingestellten Manager zusammenarbeitet.

Executive Search Siehe Direktansprache.

Expenses Vom Klienten neben dem vereinbarten Honorar zu erstattende Auslagen, wie Reisekosten, Telefon, Spesen etc.

Exposé/Positionsprofil Beschreibung des Klienten (meistens anonym), der Position und des idealen Profils des gesuchten Kandidaten.

Fee Das Honorar des Headhunters.

Feedback Schriftliche oder verbale Information vom Headhunter an den Klienten/Kandidaten über die Ergebnisse von Gesprächen, Suchprozeß usw.

Fringe Benefit Zusätzliche Vergütung eines Managers bzw. nicht monetäre Zusatzleistungen.

Global Players Weltweit mit einem Netzwerk tätige Beratungsgesellschaften.

Headhunting Siehe Executive Search.

High Potential Kandidat (meist jünger), der über erhebliches, weiteres Entwicklungspotential für höhere Managementaufgaben verfügt.

Identifikation Während des Suchprozesses telefonisch durchgeführte Feststellung der Namen bestimmter Positionsinhaber (»Wer ist denn bei Ihnen eigentlich als Geschäftsführer zuständig für den Vertrieb?«).

Job Seeker Kandidat, der in der Regel eine Eigenbewerbung an den Headhunter richtet, da er Wechselabsichten hat oder bereits freigestellt ist.

Kaltakquise Versuch, ein Unternehmen als Klient zu gewinnen, ohne einen persönlichen Kontakt zu einem der leitenden Manager zu haben.

Legende Siehe Cover Story.

Long List In der Regel eine Liste der identifizierten und sonstigen überhaupt in Frage kommenden Manager für die Besetzung einer Position.

Management-Audit Siehe Appraisal.

Name-Dropping Gezielte, namentliche Erwähnung bedeutender Personen von Kandidaten, um sich zu profilieren.

No-Go Kandidat, der die Qualifikation für die zu besetzende Position nicht erreicht.

No-No Eigenschaften eines Kandidaten, die nicht mit den Vorgaben des Klienten für die zu besetzende Stelle übereinstimmen.

No-Touch-List Siehe Black-List.

Officemanager Leiter des Büros einer Headhuntinggesellschaft, in der Regel ein Partner.

Off-Limits Anderer Begriff für Schutzliste.

Out-of-Billings Die weitere Suche des Headhunters nach dem Zeitraum, in dem das Honorar in Rechnung gestellt wurde (zumeist nach 3 Monaten).

Out-Zeichen Vermerk des Headhunters über einen Manager, mit dem er nicht zusammenarbeiten möchte.

Placement Ein Kandidat, den der Headhunter erfolgreich in die Vakanz plaziert hat.

Positionsprofil Siehe Exposé.

Präsentation Die meistens hintereinander erfolgende Vorstellung der vom Headhunter ausgesuchten Kandidaten beim Klienten, die in der Regel im Beisein des Headhunters erfolgt.

Progress Report Darstellung des Projektstandes (schriftlich oder verbal) gegenüber dem Klienten.

Proposal Schriftlicher Vorschlag des Headhunters an den potentiellen Klienten über die Gestaltung des avisierten Suchauftrages.

Principal In vielen Headhunterorganisationen nach ca. zwei Jahren nach dem Eintritt die erste Hierarchieebene, zumeist auch die einzige bis zur Partnerschaft.

Quelle Menschen, die sich in einer bestimmten Szene, Industrie, Branche etc. auskennen und die der Headhunter bezüglich möglicher Hinweise auf Kandidaten befragt; werden manchmal aber auch zum Kandidaten.

Repeat Client Klient, der zum wiederholten Male mit dem Headhunter zusammenarbeitet.

Research Systematische Marktuntersuchung im Führungskräfte-Bereich.

Schutzliste Siehe Black-List.

Search Suche nach Kandidaten für eine zu besetzende Manager-Position.

Short List Eine Reihe von meist kurzgefaßten Lebensläufen der Kandidaten, die sich der Headhunter für die Position nach seinem Suchprozeß vorstellen kann.

Shooting Star Kandidat, dem es gelingt, innerhalb kürzerer Zeit mehrere Karrierestufen zu nehmen und/oder eine oder mehrere zu überspringen.

Shout-out Ein Klient läßt mehrere Headhunter präsentieren, um anschließend den ihm genehmsten auszusuchen.

Side-Step Wechsel eines Kandidaten zu einer ähnlichen Aufgabe, wie er sie bereits ausfüllt; wird in der Regel als Knick in der Karriere interpretiert.

Source Siehe Quelle.

Sourcing Die Ansprache der o. g. Personen.

Spezifikation Siehe Exposé.

Status Report Schriftlicher oder mündlicher Bericht des Headhunters über den Stand der Suche.

Target oder Zielgruppe Nähere Bezeichnung der Wirtschaftsfelder und Hierarchieebenen sowie Funktionen, in deren Umfeld der gesuchte Kandidat vermutlich zu finden sein wird.

Termination Siehe Cancellation.

Upward adjustment Anpassung des Honorars des Headhunters an ein höher als ursprünglich erwartetes Einkommen des Kandidaten (Basis für die Kalkulation des Honorars ist in der Regel ein Drittel des Jahreseinkommens).

Vakanz Offene Managerposition, für die der Headhunter Kandidaten sucht.

Zielgruppenliste Festlegung und Darstellung der für die Suche in Frage kommenden Industriefelder und Firmen.